もくじ

教育出版版　英語 2 年

JN096365

音声を web サイトよりダウンロードするときのパスワードは『**96GPG**』です。

テストの範囲や学習予定日をかこう！

学習計画	
出題範囲	学習予定日
↑ 5/14	5/10
↓ テストの日	5/11

📖 解答と解説　　　　　　　　　　　　　　　　　別冊

📖 ふろく　テストに出る！ **5分間攻略ブック**　　　別冊

Review Lesson

Ms. King's Trip with Her Friend

テストに出る！ **ココ**が**要点**&**チェック！**

1年生で学習した表現の復習

数 p.4～p.8

1 未来を表す表現「～する予定です，～するだろう」

⇒★(1)(2)

〈be 動詞＋going to＋動詞の原形〉または〈will＋動詞の原形〉で「～する予定です，～するつもりです，～するだろう」という未来を表す。

We are going to ride down the Shimanami Kaido by bicycle.
└主語に合わせる └動詞の原形
私たちは自転車でしまなみ海道を走る予定です。

We will ride through six islands.
└動詞の原形
私たちは6つの島を走り抜けるでしょう。

2 「～がある，いる」の言い方と数をたずねる表現

⇒★(3)(4)

「～がある，いる」は There is[are] ～. で表す。「～」には名詞を入れる。

数をたずねる疑問文は How many ～ are there ...? で表す。「～」には名詞の複数形を入れる。

There are so many islands in the sea.
└あとの名詞(主語)に合わせる
海にはとてもたくさんの島があります。

There is a castle and museum.
城と美術館があります。

How many libraries are there in this town?
└文の最初に how many └直前の名詞(主語)に合わせる
この町に図書館はいくつありますか。

— There are four libraries.
図書館は4つあります。

3 「～しなければならない」などの表現

⇒★(5)(6)

〈have[has] to＋動詞の原形〉または〈must＋動詞の原形〉で「～しなければならない」という意味を表す。〈must＋動詞の原形〉で「きっと～に違いない」という推量を表すこともある。

You have to write a haiku and put it in every day.
└ ＝must └動詞の原形
あなたは毎日，俳句を書いて，それを投函しなければなりません。

You must really love haiku!
あなたは本当に俳句が好きに違いありません！

☆チェック！ （　）内から適する語句を選びなさい。

1
□ (1) I will (play / playing) tennis tomorrow.　　私は明日テニスをするつもりです。
□ (2) I am (will / going to) study in the library.　　私は図書館で勉強する予定です。

2
□ (3) How many books (is / are) there?　　本は何冊ありますか。
□ (4) — There (is / are) only one book.　　本は1冊だけあります。

3
□ (5) I (have to / have) do my homework.　　私は宿題をやらなければなりません。
□ (6) You (have to / must) be a scientist.　　あなたはきっと科学者に違いありません。

☆チェック！ の答えは次ページ ⟳

テスト対策問題

テスト対策☆ナビ

1 (1)〜(4)は単語の意味を書きなさい。(5)〜(6)は日本語を英語にしなさい。

(1) trip （   ）　(2) view （   ）

(3) guide （   ）　(4) impressive（   ）

(5) 2日,2番目(の) _____　(6) 石 _____

1 重要単語
よく出る単語の意味を覚えよう。

2 次の日本文に合うように，____に適する語を書きなさい。

(1) この電車はトンネルを通り抜けます。

This train runs _____ a *tunnel. ＊tunnel トンネル

(2) 私たちは途中でその店を訪ねる予定です。

We will visit the store on _____ _____.

(3) 青森はリンゴで有名です。

Aomori is _____ _____ apples.

2 重要表現

おぼえよう！

on the way「途中で」
be famous for 〜
「〜で有名である」

3 次の文の____に，（　）内の語を適する形にかえて書きなさい。

(1) My sister _____ going to eat curry tomorrow. （be）

(2) I will _____ TV after school. （watch）

(3) How many pencils _____ there on the desk? （be）

(4) Kate _____ to clean her room now. （have）

(5) This bread must _____ very good. （be）

3 will, be going to / must, have to

ミス注意！

・be going to の be,
have to の have は
主語に合わせて形を
かえる
・will, be going to
のあとの動詞は原形
・must, have to の
あとの動詞は原形

4 次の文を（　）内の指示にしたがって書きかえるとき，____に適する語を書きなさい。

(1) We have to wash the dishes. （否定文に）

We _____ _____ to wash the dishes.

(2) Ken is going to see a movie. （疑問文にして，No で答える）

_____ Ken _____ _____ see a movie?

— No, _____ _____.

4 have to, be going to の否定文と疑問文

(1)否定文にするときは have to の直前に否定の語を入れる。
(2)答えるときは Ken の代わりに代名詞を使う。

5 次の英文を日本文になおしなさい。

(1) There are five students in the classroom.

（   ）

(2) You mustn't give up.

（   ）

(3) I won't go to the park this afternoon.

（   ）

5 英文和訳

(2) must not[mustn't]
は「〜してはいけない」
という意味。

おぼえよう！

短縮形
must not → mustn't
will not → won't

テストに出る！
予想問題

Review Lesson
Ms. King's Trip with Her Friend

🕐 30分

/100点

1 対話と質問を聞いて，答えとして適する絵を1つ選び，記号で答えなさい。♪ a01 〔4点〕

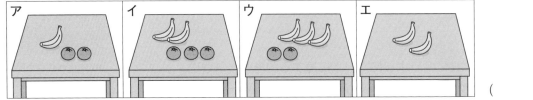

ア　イ　ウ　エ

(　　　)

2 英文と質問を聞いて，答えとして適するものを1つ選び，記号で答えなさい。♪ a02

ア　She has to visit her friend.　　イ　She has to finish her homework.　〔4点〕

ウ　She has to talk to her mother.　エ　She has to work with her mother.　(　　　)

3 次の文の＿＿に，（　）内の語を必要に応じ適する形にかえて書きなさい。　3点×4〔12点〕

(1) There ＿＿＿＿＿＿ a piano in my room.　(be)

(2) Kate must ＿＿＿＿＿＿ her brother.　(help)

(3) My friend ＿＿＿＿＿＿ to buy a cap.　(have)

(4) It will ＿＿＿＿＿＿ cloudy tomorrow.　(be)

4 次の対話が成り立つように，＿＿に適する語を書きなさい。　4点×3〔12点〕

(1) ＿＿＿＿＿＿ they going to watch TV this afternoon?

— Yes, they ＿＿＿＿＿＿.

(2) ＿＿＿＿＿＿ there any dogs in the park?

— No, ＿＿＿＿＿＿ ＿＿＿＿＿＿.

(3) ＿＿＿＿＿＿ he play baseball tomorrow?

— No, he ＿＿＿＿＿＿.

5 次の日本文に合うように，＿＿に適する語を書きなさい。　4点×4〔16点〕

(1) この城は見事な城に見えます。

This castle looks ＿＿＿＿＿＿ an impressive one.

(2) 私たちは途中で博物館を訪ねました。

We visited the museum on ＿＿＿＿＿＿ ＿＿＿＿＿＿.

(3) 私の部屋は2階にあります。

My room is on the ＿＿＿＿＿＿ floor.

(4) 川の中に入ってはいけません。

You ＿＿＿＿＿＿ go into the river.

6 次の対話文を読んで，あとの問いに答えなさい。　　　　　　　〔計25点〕

> *Ms. King:* ① Matsuyama is (　　　)(　　　) haiku, right?
> *Guide:* Yes, it is.　Look, that is a haiku postbox.　In this town, you ② have to write a haiku and put ③ it in every day.
> *Ms. King:* ④ Oh, really?
> *Guide:* ⑤ Just kidding.　But I write haiku every day.
> *Ms. King:* Wow, ⑥ you (　　　) really love haiku!

(1) 下線部①が「松山は俳句で有名ですよね」という意味になるように，(　)に適する2語を書きなさい。　　　　　　　　〈4点〉

　　　　　　　　　　　　　　　　　　　　　　　　 ＿＿＿＿＿＿　＿＿＿＿＿＿

(2) 下線部②とほぼ同じ意味の1語を書きなさい。　　　　　　　　〈3点〉

　　　　　　　　　　　　　　　　　　　　　　　　 ＿＿＿＿＿＿

(3) 下線部③が指すものを本文中の2語で書きなさい。　　　　　　〈4点〉

　　　　　　　　　　　　　　　　　　　　　　　　 ＿＿＿＿＿＿　＿＿＿＿＿＿

(4) 下線部④でキング先生が驚いた内容を，(　)に日本語で書きなさい。　〈3点×2〉
　　毎日(　　　　　　　　　)を書いて，それを(　　　　　　　　　)に入れなければならない。

(5) 下線部⑤を日本語になおしなさい。　　　　　　　　　　　　　〈4点〉
　　　　　　　　　　　　　　　　　(　　　　　　　　　　　　　　　　　)

(6) 下線部⑥が「あなたはきっと俳句が大好きに違いありません」という意味になるように，(　)に適する語を書きなさい。　　　　　　　　　　　　　　　　　〈4点〉

　　　　　　　　　　　　　　　　　　　　　　　　 ＿＿＿＿＿＿

7 〔　〕内の語句を並べかえて，日本文に合う英文を書きなさい。　5点×3〔15点〕

(1) あなたはいろいろなところでこれらの俳句の碑を見ることができます。
　　〔 everywhere / can / haiku tablets / you / see / these 〕.

　　＿＿＿＿＿＿＿＿＿＿＿＿＿＿＿＿＿＿＿＿＿＿＿＿＿＿＿＿＿＿＿.

(2) 私たちはすばらしい景色を楽しむつもりです。〔 enjoy / view / we / a / fantastic / will 〕.

　　＿＿＿＿＿＿＿＿＿＿＿＿＿＿＿＿＿＿＿＿＿＿＿＿＿＿＿＿＿＿＿.

(3) 日本には4つの大きな島があります。　〔 four / islands / are / big / there / in 〕 Japan.

　　＿＿＿＿＿＿＿＿＿＿＿＿＿＿＿＿＿＿＿＿＿＿＿＿＿＿ Japan.

8 次の日本文を(　)内の語を使って，英文になおしなさい。　6点×2〔12点〕

(1) その公園には木が何本ありますか。　(there)

　　＿＿＿＿＿＿＿＿＿＿＿＿＿＿＿＿＿＿＿＿＿＿＿＿＿＿＿＿＿＿＿

(2) あなたは今日この宿題を終える必要はありません。　(have)

　　＿＿＿＿＿＿＿＿＿＿＿＿＿＿＿＿＿＿＿＿＿＿＿＿＿＿＿＿＿＿＿

Lesson 1

Service Dogs

テストに出る！ ココ が 要点 & チェック！

「(人)に(もの)をあげる」，「〜だと思う」などの表現　　教 p.10〜p.17

1 「(人)に(もの)をあげる」などの表現　　→★(1)(2)

「(人)に(もの)を〜する」という表現は〈主語＋動詞＋人＋もの〉の語順で表現する。この語順に
なる動詞には give, send, tell, show などがある。

My father **gave** me this book.　　　父は私にこの本をくれました。
　　　　　　　　人　もの

My father **sent** me this letter.　　　父は私にこの手紙を送りました。
　　　　　　　　人　もの

・ to や for を使った文の書きかえ ・

▶〈主語＋動詞＋もの＋to＋人〉型
My father **gave** me this book. → My father **gave** this book to me.
（父は私にこの本をくれました）
to を用いる動詞：give, teach, tell, write など（その行動をするには相手が必要な場合）

▶〈主語＋動詞＋もの＋for＋人〉型
My father **bought** me this book. → My father **bought** this book for me.
（父は私にこの本を買ってくれました）
for を用いる動詞：make, buy, cook, get など（その行動を相手のためにする場合）

2 「〜と思う，〜だといいなと思う」などの表現　　→★(3)(4)

think などのあとに〈(that)＋主語＋動詞〉という形を続けて，「〜と思う」という意味を表す。
that は「〜ということ」という意味のまとまりをつくる接続詞で，省略できる。

I think (that) many blind people need guide dogs.　　多くの目の不自由な人が盲導犬を
　　　省略できる──　　──that のあとには〈主語＋動詞〉の文を置く　　必要としていると思います。

I hope (that) it will be sunny tomorrow.　　　明日，晴れるといいなと思います。

肯定文　I think (that) English is difficult.　　　私は英語は難しいと思います。
　　　　　↓ 否定文は think を否定する形で表す
否定文　I **don't** think (that) English is difficult.　　　私は英語は難しくないと思います。

・ 接続詞 that を後ろに置ける動詞 ・

think (that) 〜「〜と思う」　　　　　know (that) 〜「〜だと知っている」
hope (that) 〜「〜だといいなと思う」　　say (that) 〜　「〜と言う」　　　など

③ 「〜して残念だ[うれしい]」などの表現 ⇒★(5)(6)

「〜して残念だ」「〜してうれしい」といった自分の気持ちとその理由を伝えるには, I'm sorry, I'm happy のあとに〈(that＋)主語＋動詞〉を続ける。この接続詞 that は省略できる。

I'm sorry (that) I didn't write for some time. しばらく手紙を書かないですみません。

省略できる━ ━that のあとには〈主語＋動詞〉の文を置く

I was happy (that) you sent me a letter. あなたが手紙を送ってくれてうれしかったです。

重要表現

教 p.10〜p.15

④ よく使われる重要な表現を覚えよう。 ⇒★(7)(8)(9)

What is the harness for? このハーネスは何のためのものですか。

━━What 〜 for?「〜は何のため(のもの)ですか」

What are these bags for? これらのかばんは何のためのものですか。

This homework is hard. It takes time and effort.

〈take＋時間[労力]などを表す名詞〉━━

「(時間・労力)を必要とする」 この宿題は難しいです。時間と努力が必要です。

I got a gold medal. It took effort. 私は金メダルを取りました。それには努力を要しました。

I hope people notice dogs at work. 私は人々が働いているイヌに気づくといいなと思います。

at work「働いている」━━

My mother is at work. 私の母は仕事中です。

☆チェック！ ( )内から適する語句を選びなさい。

1
- ☐ (1) Bob showed (a book Aya / Aya a book). ボブはアヤに本を見せました。
- ☐ (2) Did Bob give (a letter Aya / Aya a letter)? ボブはアヤに手紙をあげましたか。

2
- ☐ (3) I think (that / when) this book is useful. 私はこの本は役に立つと思います。
- ☐ (4) I know (that / when) she likes cats. 私は彼女がネコが好きなことを知っています。

3
- ☐ (5) I'm sorry (for / that) I can't help you. あなたを助けることができなくて残念です。
- ☐ (6) I'm happy (for / that) you like baseball. あなたが野球が好きで私はうれしいです。

4
- ☐ (7) What are these books (about / for)? これらの本は何のためのものですか。
- ☐ (8) The park was far. It (spent / took) time. その公園は遠かったです。時間がかかりました。
- ☐ (9) I will be (at / to) work tomorrow. 私は明日, 働いているでしょう。

テスト対策問題

🎵 **リスニング**

♪ a03

1 (1)と(2)の対話と質問を聞いて，答えとして適するものを１つ選び，記号で答えなさい。

(1)　ア　Tea.　　イ　Color.　　ウ　Juice.　　　　　　　（　　　）

(2)　ア　He bought it.　　イ　He got it from his father.

　　　ウ　He got it from his brother.　　　　　　　　　　（　　　）

2 (1)〜(7)は単語の意味を書きなさい。(8)〜(12)は日本語を英語にしなさい。

(1)　service dog（　　　　　　）　　(2)　guide dog（　　　　　　）

(3)　thousand　（　　　　　　）　　(4)　however　（　　　　　　）

(5)　effort　　　（　　　　　　）　　(6)　case　　　（　　　　　　）

(7)　lead　　　　（　　　　　　）　　(8)　所有者　　＿＿＿＿＿＿＿

(9)　メッセージ＿＿＿＿＿＿＿　　(10)　〜を必要とする　＿＿＿＿＿＿＿

(11)　男の人　　＿＿＿＿＿＿＿　　(12)　〜に気づく＿＿＿＿＿＿＿

2 重要単語
よく出る単語の意味を覚えよう。

3 次の日本文に合うように，＿＿＿に適する語を書きなさい。

(1)　このカメラは何のためのものですか。

　　＿＿＿＿＿＿＿＿ is this camera ＿＿＿＿＿＿＿＿？

(2)　これはどんな種類の音楽ですか。

　　＿＿＿＿＿＿＿＿ ＿＿＿＿＿＿＿＿ of music is this?

(3)　ジムはもう１年学校に通うでしょう。

　　Jim will go to school for ＿＿＿＿＿＿＿＿ ＿＿＿＿＿＿＿＿.

(4)　私はパイロットになりました。それには努力が必要でした。

　　I became a pilot. It ＿＿＿＿＿＿＿＿ ＿＿＿＿＿＿＿＿.

(5)　彼はしばらく待っています。

　　He is waiting ＿＿＿＿＿＿＿＿ ＿＿＿＿＿＿＿＿ time.

(6)　彼女は今仕事中です。

　　She is ＿＿＿＿＿＿＿＿ ＿＿＿＿＿＿＿＿ now.

3 重要表現
(1)「〜のための」は for。
(2)「種類」は kind。
(3)「もう１年」＝「別の１年」

おぼえよう！
take「（時間・労力）を必要とする」
・take time「時間がかかる」
・take effort「努力がいる」

(6)「仕事中」＝「働いている」

4「（人）に（もの）を〜する」

4 〔　〕内の語句を並べかえて，意味の通る英文にしなさい。

(1)　My brother 〔 gave / pencils / some / me 〕.

　　My brother ＿＿＿＿＿＿＿＿＿＿＿＿＿＿＿＿＿.

(2)　Mike 〔 his sister / video / this / showed 〕.

　　Mike ＿＿＿＿＿＿＿＿＿＿＿＿＿＿＿＿＿.

(3)　I 〔 *present / sent / my friend / a 〕.　　* present プレゼント

　　I ＿＿＿＿＿＿＿＿＿＿＿＿＿＿＿＿＿.

ミス注意！
「人」と「もの」の語順
「（人）に（もの）を〜する」というときは，〈動詞＋人＋もの〉。動詞のあとは「だれに」「何を」の順に表す。

p.7 答　(1) Aya a book　(2) Aya a letter　(3) that　(4) that　(5) that　(6) that　(7) for　(8) took　(9) at

5 次の対話文を読んで，あとの問いに答えなさい。

> *Bob:* There aren't enough guide dogs.
> *Aya:* ① <u>Why not?</u>
> *Bob:* Because it ②(　　　) time and effort. These dogs live with puppy walkers for about a year. Then, they need training for another year.
> *Aya:* I see. I hope that ③ <u>many blind people will be able to have guide dogs.</u>
> *Bob:* I hope so, too. But ④ <u>I don't think many people know about this problem.</u>

(1) 下線部①の内容を日本語で表すとき，(　)に適する語を書きなさい。
　　なぜ(　　　　　　　　　)は十分にいないのですか。

(2) ②の(　)に適する語を書きなさい。 _____

(3) 下線部③を日本語になおしなさい。
　　(　　　　　　　　　　　　　　　　　　　　　　　　　　　　)

やや難(4) 下線部④を this problem を具体的にして，日本語になおしなさい。
　　(　　　　　　　　　　　　　　　　　　　　　　　　　　　　)

6 次の日本文に合うように，___に適する語を書きなさい。

(1) 私はサッカーはおもしろいと思います。
　　I _____ _____ soccer is interesting.

(2) 私はタロウがモモを好きなことを知っています。
　　I _____ Taro _____ peaches.

(3) 今日は雨で悲しいです。
　　I'm _____ _____ it is rainy today.

(4) 遅れてすみません。
　　I'm _____ I'm _____.

(5) ミカが手紙を送ってくれて私はうれしかったです。
　　I was happy _____ Mika _____ _____
　　a letter.

7 次の英文を日本文になおしなさい。

(1) What are these chairs for?
　　(　　　　　　　　　　　　　　　　　　　　　　　　　　　　)

(2) Can I tell you a funny story?
　　(　　　　　　　　　　　　　　　　　　　　　　　　　　　　)

(3) I think you will like this game.
　　(　　　　　　　　　　　　　　　　　　　　　　　　　　　　)

5 本文の理解

(1)ボブの最初の発言に注目。

(2)「(時間・労力)を必要とする」という重要表現。主語が it であることに注意。

(3) will be able to 〜 は「〜ができるようになるだろう」。

(4) I don't think 〜. は「〜ではないと思う」と訳す。

6 接続詞 that

ポイント
・〈that＋主語＋動詞〉で「〜ということ」を表す。
・この that は省略できる。

おぼえよう！
気持ちを表す形容詞
うれしい → happy
うれしい → glad
悲しい → sad
残念だ → sorry

7 英文和訳

(1)What 〜 for? で「〜は何のため(のもの)ですか」。

(2)Can I 〜? で「〜してもいいですか」。

(3)接続詞 that が省略されている。

テストに出る！

予想問題

Lesson 1
Service Dogs

⏱ 30分

/100点

1 対話と質問を聞いて，答えとして絵を１つ選び，記号で答えなさい。　🎵 a04　〔4点〕

（　　　）

2 スピーチと質問を聞いて，答えとして適するものを１つ選び，記号で答えなさい。

ア　They play tennis in the park.　イ　They gave her a racket.　🎵 a05　〔4点〕

ウ　She likes rain.　　　　　　　　エ　It was sunny today.　　　（　　　）

3 次の対話が成り立つように，＿＿に適する語を▢から選び書きなさい。　5点×5〔25点〕

(1) Mr. Sato ＿＿＿＿＿＿ us a story.

　— Was it fun?

(2) My friend in Canada ＿＿＿＿＿＿ me a box.

　— What was in it?

(3) Ms. Kato, I'm ＿＿＿＿＿＿ that I didn't bring the notebook.

　— Don't *forget next time.　　　　　　　　　　　　＊forget 忘れる

(4) Do you ＿＿＿＿＿＿ that she likes that singer?

　— Yes. I like him, too. He is cool.

(5) It is raining again. I ＿＿＿＿＿＿ it will be sunny tomorrow.

　— Me, too. I don't like rainy days.

sent　know　hope　told　sorry

4 次の日本文に合うように，＿＿に適する語を書きなさい。　4点×4〔16点〕

(1) いくつかの障害物があります。

　＿＿＿＿＿＿ are some ＿＿＿＿＿＿.

(2) 水が足りません。— どうしてですか。

　We don't have ＿＿＿＿＿＿ water. — Why ＿＿＿＿＿＿?

(3) そのチームは試合に勝てるでしょうか。— はい，そう思います。

　Will the team be ＿＿＿＿＿＿ to win the game? — Yes, I think ＿＿＿＿＿＿.

(4) 雨の場合は，ピクニックはありません。

　In the ＿＿＿＿＿＿ ＿＿＿＿＿＿ rain, we won't have a picnic.

5 次の英文を読んで，あとの問いに答えなさい。 〔計21点〕

> Yesterday I was in a restaurant （ ① ） my mother. A man （ ① ） a dog came in, but the restaurant owner stopped him. She thought ②it was his pet. ③Then she noticed the dog's jacket. ④I was happy he was able to have lunch there.
>
> I'm sure ⑤things like that happen a lot, but ⑥I hope people notice dogs （   ） （   ）.

(1) ①の（ ）に共通して入る語を書きなさい。 ＿＿＿＿＿＿＿ 〈3点〉

(2) 下線部②が指すものを本文中の2語で書きなさい。 〈4点〉

＿＿＿＿＿＿ ＿＿＿＿＿＿

(3) 下線部③のあとに起こったこととして適するものを一つ選び，記号で答えなさい。 〈3点〉

ア 男性が入店をした。　　　イ イヌを外につないでおいた。

ウ 昼食をテイクアウトした。　エ イヌのジャケットを取った。 （　　　）

(4) 下線部④について，happy と he の間に省略されている1語を書きなさい。 〈3点〉

＿＿＿＿＿＿＿＿

(5) 下線部⑤の具体的な内容となるよう，（ ）に適する日本語を書きなさい。 〈4点〉

（　　　　　）を連れた人がレストランの入店を（　　　　　）そうになったこと。

(6) 下線部⑥が「人々が働いているイヌに気づくといいなと思います」という意味になるように，（ ）に適する2語を書きなさい。 〈4点〉

＿＿＿＿＿＿ ＿＿＿＿＿＿

6 〔 〕内の語句を並べかえて，日本文に合う英文を書きなさい。 6点×3〔18点〕

(1) これらの傘は何のためのものですか。 〔 these / what / for / umbrellas / are 〕?

＿＿＿＿＿＿＿＿＿＿＿＿＿＿＿＿＿＿＿＿＿＿＿?

(2) あなたは彼女にこのアルバムを見せましたか。 ＊album アルバム

〔 this / show / did / ＊album / you / her 〕?

＿＿＿＿＿＿＿＿＿＿＿＿＿＿＿＿＿＿＿＿＿＿＿?

(3) 父は彼女のことを知らないと思います。

I 〔 think / father / her / my / don't / knows 〕.

I ＿＿＿＿＿＿＿＿＿＿＿＿＿＿＿＿＿＿＿＿＿.

7 次の日本文を英文になおしなさい。 6点×2〔12点〕

(1) それには時間と労力がかかります。

＿＿＿＿＿＿＿＿＿＿＿＿＿＿＿＿＿＿＿＿＿＿＿

(2) あなたがトム(Tom)に日本語を教えたことを私は知っています。

＿＿＿＿＿＿＿＿＿＿＿＿＿＿＿＿＿＿＿＿＿＿＿

Lesson 2 〜 Useful Expressions 1

Our Energy Sources 〜 校舎案内の表現

テストに出る！ **ココ**が**要点**＆**チェック！**

過去進行形

教 p.20〜p.21

1 過去進行形の文

 (1)(2)

「〜していた」と過去のある時点でしていたことを伝えるときは，〈was[were]＋動詞の -ing 形〉の形にする。この形を**過去進行形**という。

| 現在進行形 | I am making a cherry pie. | 私はチェリーパイをつくっています。 |

be 動詞を過去形にする

| 過去進行形 | I was making a cherry pie. | 私はチェリーパイをつくっていました。 |

We were making a cherry pie. 私たちはチェリーパイをつくっていました。
└─主語が複数の時は were を使う

2 過去進行形の否定文

 (3)

過去進行形の否定文「〜していなかった」は，be 動詞のあとに **not** を置く。

I wasn't making a cherry pie. 私はチェリーパイをつくっていませんでした。
└─was not または wasn't を使う

We weren't making a cherry pie. 私たちはチェリーパイをつくっていませんでした。
└─were not または weren't を使う

3 過去進行形の疑問文

 (4)

過去進行形の疑問文「〜していたか」は，be 動詞を主語の前に置く。

Were you making a cherry pie? あなたたちはチェリーパイをつくっていましたか。
└─was または were を主語の前に置く

— Yes, we were. / No, we weren't. はい，つくっていました。
/ いいえ，つくっていませんでした。

接続詞

教 p.22〜p.25

4 when

(5)

「〜（する[した]）とき」の意味を表し，〈主語＋動詞 〜〉と〈主語＋動詞 〜〉の 2 つの文をつなぐ接続詞。文の始めに使うときは When 〜，のように 2 文の区切りにカンマ（,）を入れる。

〜（した）とき　　　　　カンマ
When I came home, my father was watching TV. 家に帰ったとき，
＝My father was watching TV **when** I came home. 父はテレビを見ていました。
　　　　　　　　　　　　　　　 〜（した）とき

5 because

「〜なので」と理由を伝えるときに使い，〈主語＋動詞 〜〉と〈主語＋動詞 〜〉の２つの文をつなぐ接続詞。文の始めに使うときは，Because 〜，のように２文の区切りにカンマ(,)を入れる。

I like soccer **because** it is very exciting.
= **Because** it is very exciting, I like soccer.
　　　〜なので

とてもわくわくするので
私はサッカーが好きです。

6 if

「もし〜ならば」と条件を伝えるときに使い，〈主語＋動詞 〜〉と〈主語＋動詞 〜〉の２つの文をつなぐ接続詞。文の始めに使うときは，If 〜，のように２文の区切りにカンマ(,)を入れる。

もし〜ならば
If it is fine next Sunday, I will play soccer.
= I will play soccer **if** it is fine next Sunday.
　　　　　　　　　　ifのあとに続く動詞は，未来のことでも現在形で表す

もし次の日曜日晴れたら，
私はサッカーをします。

道案内の表現

教 p.29

7 目的地の場所をたずねる文・目的地への行き方を伝える文

「〜はどこですか」と場所をたずねるときは，Where's[Where is] 〜？を使う。それに対して，It's on the 〜 floor.「〜階にあります」などと答える。go や turn などを使う表現も覚えること。

Where's the teachers' room?
— It's on the second floor.
　Go up the stairs and turn right.

　Turn right on the second floor.

　It's the second room.

職員室はどこですか。
２階にあります。
階段を上がって，右に曲がってください。
２階で右に曲がってください。
２つ目の部屋です。

┌─ 場所を表す前置詞 ─┐
between A and B
「AとBの間に」
next to 〜 「〜のとなりに」
near 〜 「〜の近くに」
around 〜 「〜のあたりに」
in front of 〜 「〜の前に」
└────────────┘

☆チェック！ （ ）内から適する語句を選びなさい。

1 □ (1) I (was / were) playing baseball at that time. 私はそのとき野球をしていました。
　□ (2) We (was / were) watching TV then. 私たちはそのときテレビを見ていました。
2 □ (3) You (were / were not) sleeping then. あなたはそのとき眠っていませんでした。
3 □ (4) (Was / Were) they studying math? 彼らは数学を勉強していましたか。
4 □ (5) (When / If) I was ten, I met him. 私が10歳のとき，彼に会いました。
5 □ (6) I read a comic book (if / because) I was free. 私は暇だったので，マンガ本を読みました。
6 □ (7) Go to bed early (if / that) you have a cold. もしあなたが風邪をひいているなら，早く寝なさい。
7 □ (8) (Where's / When's) the art room? 美術室はどこですか。
　□ 　— It's on the (two / second) floor. ２階にあります。
　□ (9) Go up the stairs and turn (right / left). 階段を上がって，左に曲がってください。

テスト対策問題

テスト対策 ☀ ナビ

リスニング

♪ a06

1 対話と質問を聞いて，答えとして適するものを１つ選び，記号で答えなさい。

ア He was calling her name.　　イ He was at home.

ウ He was walking his dog.　　　　　　　　　　　　（　　　）

2 (1)〜(6)は単語の意味を書きなさい。(7)〜(10)は日本語を英語にしなさい。

(1) fix 　　　（　　　　　　　）　(2) accident 　（　　　　　　　）

(3) fossil fuel （　　　　　　　）　(4) last（動詞）（　　　　　　　）

(5) wind 　　（　　　　　　　）　(6) less 　　（　　　　　　　）

(7) 台所 　　＿＿＿＿＿＿＿＿　(8) 電気 　　＿＿＿＿＿＿＿＿

(9) 汚染（お せん）＿＿＿＿＿＿＿＿　(10) 高価な 　＿＿＿＿＿＿＿＿

2 重要単語

よく出る単語の意味を覚えよう。

3 次の日本文に合うように，＿＿に適する語を書きなさい。

(1) 妹が私の部屋へかけこんできました。

My sister ＿＿＿＿＿＿ ＿＿＿＿＿＿ my room.

(2) 彼女（かのじょ）は全然怖（こわ）がっていませんでした。

She wasn't afraid ＿＿＿＿＿＿ ＿＿＿＿＿＿.

(3) 確実にはわかりませんが，彼（かれ）はそう言いました。

I don't know ＿＿＿＿＿＿ ＿＿＿＿＿＿, but he said so.

(4) 私は，イヌ，ネコ，ウサギのような動物が好きです。

I like animals ＿＿＿＿＿ ＿＿＿＿＿ dogs, cats, and rabbits.

(5) 私の考えでは，私たちはそこへ行くべきです。

＿＿＿＿＿＿ my ＿＿＿＿＿＿, we should go there.

(6) 階段を上がってください。

Go ＿＿＿＿＿＿ the ＿＿＿＿＿＿.

3 重要表現

おぼえよう！

「〜へかけこむ」
run into 〜
「全然〜ない」
not 〜 at all
「確実に[な]」
for sure
「〜のような」
such as 〜
「私の考えでは」
in my opinion

4 次の文の＿＿に，（　）内の語を適する形にかえて書きなさい。

(1) I ＿＿＿＿＿＿ ＿＿＿＿＿＿ with Mr. White then. （run）

(2) When he came to our house, we ＿＿＿＿＿＿ ＿＿＿＿＿＿ game. （play）

(3) If it ＿＿＿＿＿＿ tomorrow, we can't go on a picnic. （rain）

(4) He didn't go to school last Friday because he ＿＿＿＿＿＿ sick. （is）

(5) When I called Mei, she ＿＿＿＿＿＿ ＿＿＿＿＿＿. （cook）

4 過去進行形／接続詞

ポイント

過去進行形
〈was［were］＋動詞の-ing 形〉
いろいろな接続詞
when
「〜する［した］とき」
because 「〜なので」
if 「もし〜ならば」

p.13 答
(1) was　(2) were　(3) were not　(4) Were　(5) When　(6) because　(7) if　(8) Where's / second
(9) left

5 次の対話文を読んで，あとの問いに答えなさい。

> *Bob:* ① There was a power outage in our area yesterday.
>
> *Aya:* Yes. When it happened, I was doing math homework in my room. ② 〔 were / then / what / doing / you 〕?
>
> *Bob:* I was helping my mom in the kitchen. By the way, what caused the power outage?
>
> *Aya:* I don't know for sure, but the newspaper says an accident happened at the power plant.

(1) 下線部①を日本語になおしなさい。

(　　　　　　　　　　　　　　　　　　　　　　　　　　　)

(2) 下線部②が「あなたはそのとき何をしていましたか」という意味になるように，〔 　 〕内の語を並べかえなさい。

_____ ?

(3) 停電はどこが原因で起きたと考えられますか。本文中から 3 語で答えなさい。

_____ _____ _____

(1) There is[are] 〜.「〜があります，います」の文。
(2)過去進行形の文。
(3)最後のアヤのセリフに注目する。

6 次の日本文に合うように， ___ に適する語を書きなさい。

(1) 3 時間後，エミリーは彼に会いました。

Three _____ _____, Emily met him.

(2) 私の友達のほとんどはケーキが好きです。

_____ _____ my friends like cake.

(3) 化石燃料は空気と水を汚染します。

Fossil fuels _____ the _____ and water.

7 次の文を( )内の指示にしたがって書きかえるとき， ___ に適する語を書きなさい。

(1) We play baseball.(「そのとき〜していた」という意味の文に)

We _____ _____ baseball then.

(2) Kumi is running now.(下線部を then にかえて)

Kumi _____ _____ then.

8 次の日本文を英文になおしなさい。

(1) 私が祖父を訪れたとき，彼はイヌの散歩をしていました。

_____

(2) 階段を降りて，左に曲がってください。

_____

テストに出る！
予想問題

Lesson 2 〜 Useful Expressions 1
Our Energy Sources 〜 校舎案内の表現

🕐 30分

/100点

1 (1)と(2)の対話と質問を聞いて，答えとして適するものを1つ選び，記号で答えなさい。(1)の対話は★で行われているものとします。 ♪ a07　4点×2〔8点〕

(1) the second floor　　　　　　　　　　階段

ア	science room	English room		computer room	library

the first floor

イ	room 1−2	room 1−1	★	nurse's office	teachers' room	ウ

(　　　)

(2) ア He was at home.　　　イ He was waiting for his mother.
　　ウ He saw Sachiko.　　　エ He was going to his friend's house.

(　　　)

2 次の文の＿＿に，（　）内の語を適する形にかえて書きなさい。 3点×3〔9点〕

(1) Yuki ＿＿＿＿＿＿ ＿＿＿＿＿＿ curry then. （make）

(2) You ＿＿＿＿＿＿ ＿＿＿＿＿＿ soccer when he came to your house. （play）

(3) Sakura and I ＿＿＿＿＿＿ ＿＿＿＿＿＿ their homework then. （do）

3 次の日本文に合うように，＿＿に適する語を書きなさい。 3点×5〔15点〕

(1) 階段を降りてまっすぐ進んでください。

　　Go down the stairs and ＿＿＿＿＿＿ ＿＿＿＿＿＿.

(2) 私の考えでは，それは高価過ぎると思います。

　　＿＿＿＿＿＿ my ＿＿＿＿＿＿, it is too expensive.

(3) 昨日，私たちの家で停電がありました。

　　We had a ＿＿＿＿＿＿ ＿＿＿＿＿＿ yesterday in our house.

(4) 私の弟は，彼の部屋にかけこみました。

　　My brother ＿＿＿＿＿＿ ＿＿＿＿＿＿ his room.

(5) 確実にはわかりませんでしたが，彼らはそう言いました。

　　I didn't know ＿＿＿＿＿＿ ＿＿＿＿＿＿, but they said so.

4 次の対話が成り立つように，＿＿に適する語を書きなさい。 3点×5〔15点〕

(1) ＿＿＿＿＿＿ the computer room?

　　— It's on the third floor.

(2) When it happened, ＿＿＿＿＿＿ ＿＿＿＿＿＿ you doing?

　　— I was studying math then.

(3) What will you do next Sunday?

　　— If it ＿＿＿＿＿＿ fine, I ＿＿＿＿＿＿ play basketball.

5 次の英文を読んで，あとの問いに答えなさい。 〔計23点〕

> We use electricity every day. ①We get most of our electricity from fossil fuels like coal and natural gas. However, ②they pollute the air and water. Also, they will not last forever.
>
> Now we are ③(use) renewable energy, too. ④It comes from sources ⑤(＿＿＿) (＿＿＿) wind, water, and sunlight. It is clean energy because it doesn't cause pollution.

(1) 下線部①を日本語になおしなさい。 〈6点〉

(　　　　　　　　　　　　　　　　　　　　　　　　　　　　　)

(2) 下線部②が指すものを本文中の2語で書きなさい。 〈4点〉

＿＿＿＿＿＿＿＿＿　＿＿＿＿＿＿＿＿＿

(3) ③の(　)内の語を適する形になおしなさい。 〈4点〉

＿＿＿＿＿＿＿＿＿

(4) 下線部④が指すものを日本語で書きなさい。 〈5点〉

(　　　　　　　　　　　　　　　　　　　)

(5) 下線部⑤の(　)内に適する2語を書きなさい。 〈4点〉

＿＿＿＿＿＿＿＿＿　＿＿＿＿＿＿＿＿＿

6 〔　〕内の語句や符号を並べかえて，日本文に合う英文を書きなさい。 5点×3〔15点〕

(1) 彼は懐中電灯を持って私の部屋に来ました。

〔 with / came / my / a flashlight / he / to / room 〕.

＿＿＿＿＿＿＿＿＿＿＿＿＿＿＿＿＿＿＿＿＿＿＿＿＿＿＿＿＿＿.

(2) 久美は全然怖くありませんでした。 〔 Kumi / afraid / not / all / was / at 〕.

＿＿＿＿＿＿＿＿＿＿＿＿＿＿＿＿＿＿＿＿＿＿＿＿＿＿＿＿＿＿.

(3) ところで，何がその事故の原因だったのですか。

〔 what / by / the accident / the / caused / way / , 〕?

＿＿＿＿＿＿＿＿＿＿＿＿＿＿＿＿＿＿＿＿＿＿＿＿＿＿＿＿＿＿?

7 次の日本文を(　)内の指示にしたがって，英文になおしなさい。 5点×3〔15点〕

(1) 私が帰宅したとき，母は夕食をつくっていました。 (came を使って)

＿＿＿＿＿＿＿＿＿＿＿＿＿＿＿＿＿＿＿＿＿＿＿＿＿＿＿＿＿＿

(2) もし来週の土曜日晴れたら，私たちは野球をします。 (will を使って)

＿＿＿＿＿＿＿＿＿＿＿＿＿＿＿＿＿＿＿＿＿＿＿＿＿＿＿＿＿＿

(3) 佐藤先生(Mr. Sato)は親切なので，私たちは彼が好きです。 (kind を使って)

＿＿＿＿＿＿＿＿＿＿＿＿＿＿＿＿＿＿＿＿＿＿＿＿＿＿＿＿＿＿

Design in Our Life 〜 あなたの夢を語ろう！

テストに出る！ ココが要点&チェック！

不定詞〈to＋動詞の原形〉　教 p.32〜p.37

1 「〜すること」名詞的用法　→★(1)(2)

「〜したい」は〈want to＋動詞の原形〉で表す。〈to＋動詞の原形〉は「〜すること」を表し，名詞のような働きをして，want の目的語になる。

不定詞が目的語 I want **to have** green tea.
「〜したい」　「緑茶を飲むこと」
　　　　　　　私は緑茶を飲むことをしたいです。
want の目的語　⇒私は緑茶が飲みたいです。

名詞が目的語 I want green tea.　私は緑茶がほしいです。
「〜がほしい」　「緑茶」

┌─ **不定詞を目的語にとる動詞** ─┐
like to 〜 「〜するのが好きだ」
try to 〜 「〜しようとする」
begin[start] to 〜 「〜し始める」
need to 〜 「〜する必要がある」
hope to 〜 「〜したいと思う」

They need **to think** of their customers.　彼らはお客さんのことを考える必要があります。
Companies try **to improve** their products.　会社は製品を改善しようとしています。
I want **to be** a soccer player.　私はサッカー選手になりたいです。

2 「〜するために，〜して」副詞的用法　→★(3)(4)

〈to＋動詞の原形〉の形を用いて，「〜するために，〜して」という意味の目的や感情の原因を表すことができる。この場合の不定詞は副詞のような働きをして，動詞や文全体を修飾する。

「水を運ぶために」
動詞を修飾 Some African people use pots **to carry** water.
to 以下が use を修飾
（後ろから前の動詞を修飾）

水を運ぶためにつぼを使うアフリカの人がいます。
⇒アフリカにはつぼを使って水を運ぶ人がいます。

文全体を修飾 She went to Spain
　┬─ **to be** a dancer.　ダンサーになるために彼女はスペインに行きました。
　├─ **to learn** Spanish culture.　スペインの文化を学ぶために彼女はスペインに行きました。
　└─ **to study** at a school.　学校で勉強するために彼女はスペインに行きました。
to のあとの動詞には補語・目的語・修飾語句が続くこともある

感情を表す形容詞　感情の原因　「あなたに会えて」
感情の原因 I was happy **to meet** you.　私はあなたに会えてうれしかったです。
to 以下が happy を修飾
「〜して」の意味になる

┌─ **感情の原因を表す不定詞[副詞的用法]** ─┐
be happy to 〜 「〜して幸せだ」　　　be sad to 〜 「〜して悲しい」
be sorry to 〜 「〜して申し訳ない[残念だ]」　be surprised to 〜 「〜して驚く」

18

3 「〜するための…，〜すべき…」形容詞的用法 ➡★(5)(6)

〈to＋動詞の原形〉は直前の名詞を修飾して形容詞のような働きをし、「〜するための」を表す。

-thing などの代名詞を形容詞と不定詞が修飾する場合、〈-thing＋形容詞＋to＋動詞の原形〉の語順になる。

名詞を修飾 I don't have **time** to watch TV today.

「テレビを見るための」

to 以下が time を修飾

今日、テレビを見るための時間がありません。
⇒今日、テレビを見る時間がありません。

代名詞を修飾 I want something cold to drink.

「何か」　形容詞　「飲むための」

cold と to drink が something を修飾

私は飲むための冷たい何かがほしいです。
⇒私は冷たいものを飲みたいです。

・不定詞に修飾される代名詞・

something「何か」　　anything「何も」
someone 「だれか」　　everyone「みんな」

重要表現

4 よく使われる重要な表現を覚えよう。 ➡★(7)(8)(9)(10)

Thanks to grooves, we can hold it easily.

└thanks to 〜「〜のおかげで」

溝のおかげで、私たちは簡単に持つことができます。

We need to **think of** the environment.

└think of 〜「〜のことを考える」

私たちは環境のことを考える必要があります。

This is a tool to **change** dirty water **into** clean water.

└change A into B「AをBにかえる」

これは汚れた水をきれいな水にかえる道具です。

As you know, millions of people around the world cannot drink clean water.

└as you know「ご存じのように」

ご存じのように、世界中の多くの[何百万もの]人々がきれいな水を飲めません。

- -

☆チェック! （　）に適する語を書きなさい。

1
- □ (1) I want (　　)(　　) a pilot. 　私はパイロットになりたいです。
- □ (2) You (　　)(　　) practice the piano. 　あなたはピアノを練習する必要があります。

2
- □ (3) She went to the shop (　　)(　　) food. 　彼女は食べものを買うためにその店に行きました。
- □ (4) Aki used this pen (　　)(　　) a letter. 　アキは手紙を書くためにこのペンを使いました。

3
- □ (5) It's time (　　)(　　) to bed. 　寝る時間です。
- □ (6) I want something hot (　　)(　　). 　私は温かい食べものがほしいです。

4
- □ (7) (　　)(　　) you, I arrived at the station. 　あなたのおかげで、私は駅に着きました。
- □ (8) We need to (　　)(　　) the new student. 　私たちは新しい生徒のことを考える必要があります。
- □ (9) The tool can (　　) water (　　) ice. 　その道具は水を氷にかえることができます。
- □ (10) (　　)(　　)(　　), she is very kind. 　ご存じのように、彼女はとても親切です。

テスト対策問題

🎵 リスニング

♪ a08

1 対話と質問を聞いて，答えとして適するものを1つ選び，記号で答えなさい。

ア　To cook for her.　　イ　To see her mother.

ウ　To go to the restaurant.　　　　　　　　　　　（　　　）

2 (1)〜(6)は単語の意味を書きなさい。(7)〜(10)は日本語を英語にしなさい。

(1)　prefer　（　　　　　）　　(2)　improve　（　　　　　）

(3)　product　（　　　　　）　　(4)　heavy　（　　　　　）

(5)　type　（　　　　　）　　(6)　special　（　　　　　）

(7)　不可能な　＿＿＿＿＿　　(8)　役立つ　＿＿＿＿＿

(9)　指　＿＿＿＿＿　　(10)　特徴（とくちょう）　＿＿＿＿＿

2 重要単語

よく出る単語の意味を覚えよう。

3 次の日本文に合うように，＿＿に適する語を書きなさい。

(1)　このペンのおかげで私は手紙が書けます。

＿＿＿＿＿＿ ＿＿＿＿＿ this pen, I can write a letter.

(2)　会社はお客さんのことを考えます。

Companies ＿＿＿＿＿ ＿＿＿＿＿ their customers.

(3)　彼（かれ）はそれを持ち上げることができます。

He can ＿＿＿＿＿ it ＿＿＿＿＿.

(4)　汚（よご）れた水をきれいな水にかえてください。

Please ＿＿＿＿＿ dirty water ＿＿＿＿＿ clean water.

(5)　ご存じのように，彼はとても賢（かしこ）いです。

＿＿＿＿＿ ＿＿＿＿＿ ＿＿＿＿＿, he is very smart.

(6)　何百万もの人々が，きれいな水を飲むことができません。

＿＿＿＿＿ ＿＿＿＿＿ people cannot drink clean water.

(7)　私は針で指（ゆび）を刺しました。

I ＿＿＿＿＿ my finger ＿＿＿＿＿ a needle.

(8)　彼は間違（まちが）えてクミのペンを手に取ってしまいました。

He took Kumi's pen ＿＿＿＿＿ ＿＿＿＿＿.

3 重要表現

おぼえよう！

「〜のおかげで」
thanks to 〜
「〜のことを考える」
think of 〜
「〜を…にかえる」
change 〜 into ...
「ご存じのように」
as you know
「多数の[何百万もの]〜」
millions of 〜
「…で〜をちくりと刺す」
prick 〜 with ...
「誤って」
by mistake

4 不定詞

ミス注意！

〈to＋動詞の原形〉は「〜するための」の意味で直前の(代)名詞を後ろから説明することができる。

・a book to read
　読むための本

・something to eat
　（何か）食べるもの

4 次の文に（　）内の語を入れるとき，適切な位置の記号を〇で囲みなさい。

(1)　I ア have イ a lot of ウ things エ do today.（to）

(2)　I want ア something イ hot ウ eat エ.（to）

(3)　I will ア study イ hard ウ to エ a good teacher.（be）

p.19 答　(1) to be　(2) need to　(3) to buy　(4) to write　(5) to go　(6) to eat
(7) Thanks to　(8) think of　(9) change, into　(10) As you know

5 次の対話文を読んで，あとの問いに答えなさい。

> *Mei:* Is this pot for food?
>
> *Mr. Ito:* No. Some African people use pots like this ① (_____) (_____) (_____).
> ② 〔 you / up / it / can / lift 〕?
>
> *Mei:* Oh, it's so heavy!
>
> *Mr. Ito:* Women carry ③ them to get water every day. ④ Some have to walk over 10 kilometers with them.
>
> *Mei:* It's impossible for me!

(1) 下線部①が「水を運ぶために」という意味になるように（　）に適する3語を書きなさい。

＿＿＿＿＿＿ ＿＿＿＿＿＿ ＿＿＿＿＿＿

(2) 下線部②の〔　〕内の語を並べかえて，意味の通る英文にしなさい。

＿＿＿＿＿＿＿＿＿＿＿＿＿＿＿＿＿ ?

(3) 下線部③が指すものを本文中の1語で書きなさい。

＿＿＿＿＿＿＿

(4) 下線部④を日本語になおしなさい。

（　　　　　　　　　　　　　　　　　　）

(1)不定詞の副詞的用法

(2)it の位置に注意する。

(3)前の文から読み取る。

(4) some は「人」を表す。

6 次の日本文に合うように，＿＿に適する語を書きなさい。

(1) あなたは牛乳を買う必要があります。

You ＿＿＿＿＿＿ ＿＿＿＿＿＿ buy some milk.

(2) 彼女は英語で手紙を書こうとしました。

She ＿＿＿＿＿＿ ＿＿＿＿＿＿ write a letter in English.

(3) 私は宿題をするために早起きしました。

I got up early ＿＿＿＿＿＿ ＿＿＿＿＿＿ my ＿＿＿＿＿＿.

(4) 彼は卵を買うためにその店へ行きました。

He went to the store ＿＿＿＿＿＿ ＿＿＿＿＿＿
some ＿＿＿＿＿＿.

6 不定詞
(1)(2)名詞的用法
「〜すること」

> **おぼえよう！**
>
> **不定詞を目的語にとる動詞**
> want to 〜「〜したい」
> need to 〜
> 「〜する必要がある」
> try to 〜
> 「〜しようとする」

(3)(4)副詞的用法
「〜するために」

7 次の日本文を（　）内の指示にしたがって，英文になおしなさい。

(1) 今日はテレビを見る時間がありません。（8語で）

＿＿＿＿＿＿＿＿＿＿＿＿＿＿＿＿＿

(2) ケンは読むべき本をたくさん持っています。（8語で）

＿＿＿＿＿＿＿＿＿＿＿＿＿＿＿＿＿

7 英作文
(1)「見る時間」は「見るための時間」と考える。
(2)「読むべき本」は「読むための本」と考える。

テストに出る！
予想問題

Lesson 3 〜 Project 1
Design in Our Life 〜 あなたの夢を語ろう！

🕐 30分

/100点

1 対話と質問を聞いて，答えとして適する絵を1つ選び，記号で答えなさい。 🎵 a09　〔4点〕

 ア　 イ　 ウ　 エ

（　　　）

2 対話と質問を聞いて，答えとして適するものを1つ選び，記号で答えなさい。

ア　He drank some hot tea.　　イ　He won the game.

ウ　He bought a sweater.　　エ　He caught a cold.

🎵 a10　〔4点〕

（　　　）

3 次の英文に合うように，（　）内に適する日本語を書きなさい。　　4点×3〔12点〕

(1) Ken likes to play baseball with his friends.

ケンは友達と（　　　　　　　　　　　　　　　）が好きです。

(2) I will go to the library to study English tomorrow.

私は明日（　　　　　　　　　　　　　　　）図書館へ行きます。

ミス注意! (3) Please give me something to drink.

（　　　　　　　　　　　　　　　）をください。

4 次の日本文に合うように，＿＿＿に適する語を書きなさい。　　4点×3〔12点〕

(1) 私たちの会社はペットボトルをつくっています。

Our ＿＿＿＿＿＿ makes ＿＿＿＿＿＿ ＿＿＿＿＿＿.

よく出る (2) この道具のおかげで，私は簡単に料理をすることができます。

＿＿＿＿＿＿ ＿＿＿＿＿＿ this tool, I can cook easily.

(3) この容器をしっかり持ってください。

Please ＿＿＿＿＿＿ this ＿＿＿＿＿＿.

よく出る **5** 〔　〕内の語句を並べかえて，日本文に合う英文を書きなさい。　　6点×2〔12点〕

(1) 彼女は昨夜，するべきことがたくさんありました。

〔 had / things / she / lot of / do / a 〕 last night. （1語補う）

＿＿＿＿＿＿＿＿＿＿＿＿＿＿＿＿＿＿＿＿ last night.

(2) 私たちは昼食を食べるためにそのレストランに行きました。

We 〔 to / the / have / restaurant / went 〕 lunch. （1語補う）

We ＿＿＿＿＿＿＿＿＿＿＿＿＿＿＿＿＿＿＿ lunch.

6 次の英文を読んで，あとの問いに答えなさい。 〔計21点〕

> Last Sunday, ①I went to the City Hall to see a special exhibition. It was ②an exhibition (　　　) (　　　) (　　　) (　　　).
> I saw several useful tools for people in developing countries. For example, this is ③[change / a tool / dirty water / into / to / clean water]. As you know, ④(　　　) (　　　) (　　　) around the world cannot drink clean water.

(1) 下線部①を日本語になおしなさい。 〈5点〉

(　　　　　　　　　　　　　　　　　　　　　　　　　　　　　　　　）

(2) 下線部②が「役に立つ製品を見せるための展示」という意味になるように，（　）に適する４語を書きなさい。 〈5点〉

――――――――――　――――――――　――――――　――――――

(3) 下線部③の〔　〕内の語句を並びかえて，意味の通る英文にしなさい。 〈6点〉

(4) 下線部④が「多く[何百万人も]の人々」という意味になるように（　）に適する３語を書きなさい。 〈5点〉

――――――――――　――――――――　――――――

7 次の日本文を不定詞を使って，英文になおしなさい。(3)と(5)は（　）内の指示にしたがいなさい。 5点×5〔25点〕

(1) あなたは新しい車を買う必要があります。

(2) 私の父は医者になるために一生懸命勉強しました。

(3) 多くの科学者が人々を助けようとしています。 （many を使って）

(4) 私は何か甘い食べものがほしいです。

(5) 私は友達と遊ぶ時間がありません。 （no を使って）

8 次のようなとき，英語でどのように言うか書きなさい。 5点×2〔10点〕

(1) 職業について「将来〜になりたい」と自分のことを言うとき。

(2) 夢をかなえるためにすることについて「〜するつもりです」と自分のことを言うとき。

Reading 1

Six Amazing Things about Penguins

テストに出る！ ココが要点&チェック！

接続詞 until, while, that

1 until「〜するまで」，while「〜する間に」 ➡★(1)(2)

until は「〜するまで」，while は「〜する間に」の意味の接続詞で，〈主語＋動詞 〜〉と〈主語＋動詞 〜〉の2つの文をつなぐことができる。

Their parents bring them food **until** they have waterproof feathers.

接続詞のあとには〈主語＋動詞 〜〉

彼らが防水性の羽根を持つまで，親は彼らに食べものを運びます。

Penguins fast **while** their feathers change every year.

毎年，羽が生えかわる間，ペンギンは絶食します。

2 that「〜ということ」 ➡★(3)

that は「〜ということ」の意味の接続詞で，think，hope，know などのあとに〈(that)＋主語＋動詞〉という形のまとまりを続けることができる。この that は省略可能。

Scientists think **that** one kind had different colors.

接続詞のあとには〈主語＋動詞 〜〉

科学者は1種類のものがさまざまな色を持っていたと考えています。

不定詞の副詞的用法

3 不定詞の副詞的用法「〜するために」 ➡★(4)

〈to＋動詞の原形〉で「〜するために」を意味し，動作の目的などを表す。この不定詞は副詞のような働きをして，動詞や文全体を修飾する。to のあとの動詞は必ず原形となる。

Male emperor penguins fast **to** warm their eggs and protect them.

〈to＋動詞の原形〉

オスのコウテイペンギンは彼らの卵を温めて守るために絶食します。

━ 不定詞の三用法 ━

・名詞的用法（〜すること）	I want to play basketball.	私はバスケットボールをしたいです。
・形容詞的用法（〜するための）	I need something to drink.	私は何か飲むものが必要です。
・副詞的用法（〜するために）	I went to the store to buy food.	
		私は食べものを買いにその店に行きました。

☆チェック！ （ ）内から適する語を選びなさい。

1 □ (1) Stay home (until / while) I come back.　私が戻るまで家にいて。

□ (2) I was reading a book (until / while) you were watching TV.

あなたがテレビを見ている間，私は本を読んでいました。

2 □ (3) I think (that / to) I should save money.　私はお金を節約すべきだと思います。

3 □ (4) I studied hard (that / to) become a pilot.　私はパイロットになるために一生懸命勉強しました。

テスト対策問題

1 (1)〜(4)は単語の意味を書きなさい。(5)〜(6)は日本語を英語にしなさい。

(1) actually （　　　　　　）　(2) giant （　　　　　　）

(3) once （　　　　　　）　(4) protect （　　　　　　）

(5) 何も〜ない _____　(6) ほとんど _____

(7) 大きさ _____　(8) けれども _____

よく出る 2 次の日本文に合うように，____に適する語を書きなさい。

(1) あなたは部屋の外にいなければなりません。

You must _____ _____ of the room.

(2) その赤ちゃんの髪はちょうど生えかわっています。

The baby's hair is just _____ _____.

(3) 私はその問題を解き明かすことができない。

I cannot _____ _____ the problem.

(4) 彼は時速約 20 キロメートルで走ります。

He runs about 20 kilometers _____ _____.

3 次の英文が成り立つように，____に適する語を□から選び書きなさい。

(1) She walked _____ she arrived home.

(2) I believe _____ he will win the game.

(3) I listen to music _____ I am running.

| that | until | while |

ミス注意 4 次の文の___に，（　）内の語を適する形にかえて書きなさい。

(1) I went to the park _____ _____. (run)

(2) I have no time _____ _____ TV. (watch)

(3) He was sleeping until I _____ him. (call)

5 次の英文を日本文になおしなさい。

(1) I got up early to do my homework.

（　　　　　　　　　　　　　　　　　　　　　　）

(2) John went home while I was talking to Sam.

（　　　　　　　　　　　　　　　　　　　　　　）

(3) I hope it will be sunny tomorrow.

（　　　　　　　　　　　　　　　　　　　　　　）

テスト対策 ナビ

1 重要単語
よく出る単語の意味を覚えよう。

2 重要表現

おぼえよう！
「〜の外にいる」
stay out of 〜
「生える」
grow in 〜
「〜を解き明かす」
figure out 〜
「〜につき」
per 〜

3 接続詞

ポイント
〈接続詞＋主語＋動詞 〜〉
until 〜
「〜するまで」
while 〜
「〜する間に」
that 〜
「〜ということ」

4 不定詞の副詞的用法 / 接続詞

ミス注意！
不定詞 to のあとの動詞は原形。

5 英文和訳
(1) get up は「起きる」。
(3) hope は「〜だといいなと思う」。

25

テストに出る！
予想問題

Reading 1
Six Amazing Things about Penguins

⏱ 30分

/100点

🎵 **1** 英文を聞いて，内容に合う絵を 1 つ選び，記号で答えなさい。　♪ a11　〔4点〕

（　　　）

🎵 **2** 対話と質問を聞いて，答えとして適するものを 1 つ選び，記号で答えなさい。　♪ a12

ア　To her grandmother's house.　　イ　To a shopping mall.　〔4点〕

ウ　To school.　　エ　To a flower shop.　　（　　　）

3 次の英文が成り立つように，＿＿に適する語を▢から選び書きなさい。　4点×4〔16点〕

(1)　The birds look small on TV, but they are ＿＿＿＿＿＿ big.

(2)　＿＿＿＿＿＿ some penguins were almost our size.

(3)　Penguin chicks have feathers. ＿＿＿＿＿＿, they are not waterproof.

(4)　＿＿＿＿＿＿ they drink Japanese tea.

| |
| yet |
| once |
| sometimes |
| actually |

やや難 **4** （A）と（B）の＿＿に共通して入る語を書きなさい。　4点×2〔8点〕

(1)　(A) She is always ＿＿＿＿＿＿.　　(B) One ＿＿＿＿＿＿ of penguins was tall.

(2)　(A) I studied English ＿＿＿＿ week.　　(B) Penguins' fasting can ＿＿＿＿ long.

5 次の日本文に合うように，＿＿に適する語を書きなさい。　4点×5〔20点〕

(1)　ペンギンの羽は毎年生えます。

　　Penguins' feathers ＿＿＿＿＿＿ ＿＿＿＿＿＿ every year.

(2)　私はそこには 10 日から 14 日間滞在します。

　　I'm going to stay there ＿＿＿＿＿＿ 10 ＿＿＿＿＿＿ 14 days.

(3)　オスのコウテイペンギンは自分たちの卵を守ります。

　　Male emperor penguins ＿＿＿＿＿＿ their eggs.

ミス注意！(4)　宿題が終わるまで外に出てはいけません。

　　You cannot go out ＿＿＿＿＿＿ you finish your homework.

(5)　この問題を解き明かすことはできますか。

　　Can you ＿＿＿＿＿＿ ＿＿＿＿＿＿ this problem?

6 次の英文を読んで，あとの問いに答えなさい。 〔計24点〕

What is special about penguins? They are birds, but they cannot fly. ①They can swim about 32 kilometers (   ) (   ). ②Some penguins even live in very hot places.
　③Nothing surprising? How about these?
Penguins fast (　④　) their feathers change every year. When their new waterproof feathers are just growing in, ⑤[the water / get / cannot / to / go / into / food / they]. They (　⑥　) for two to five weeks.

(1) 下線部①が「それらは毎時 32 キロメートルで泳げます」という意味になるように，（ ）に適する 2 語を書きなさい。 〈4点〉

＿＿＿＿＿＿＿ ＿＿＿＿＿＿＿

(2) 下線部②を日本語になおしなさい。 〈6点〉
（ 　　　　　　　　　　　　　　　　　　　　　　　　　　　　　 ）

(3) 下線部③を日本語になおしなさい。 〈4点〉
（ 　　　　　　　　　　　　　　　　　　　　　　　　 ）

(4) ④の( )に「〜する間に」という意味の 1 語を書きなさい。 〈3点〉

＿＿＿＿＿＿＿

(5) 下線部⑤が「食べものを取るために水中に入ることができません」という意味になるように，〔 〕内の語句を並べかえなさい。 〈4点〉

＿＿＿＿＿＿＿＿＿＿＿＿＿＿＿＿＿＿＿＿＿＿＿＿＿＿ .

(6) ⑥の( )に入る 1 語を本文中から抜き出しなさい。 〈3点〉

＿＿＿＿＿＿＿

7 〔 〕内の語句を並べかえて，日本文に合う英文を書きなさい。 4点×3〔12点〕

(1) ペンギンには確かにひざがある。 〔 do / knees / have / penguins 〕.

＿＿＿＿＿＿＿＿＿＿＿＿＿＿＿＿＿＿＿＿＿＿＿＿＿＿ .

(2) 5 フィートのペンギンがいました。 〔 were / five-foot-tall / there / penguins 〕.

＿＿＿＿＿＿＿＿＿＿＿＿＿＿＿＿＿＿＿＿＿＿＿＿＿＿ .

(3) 彼らは卵を温めるため絶食します。 〔 fast / their / warm / they / eggs / to 〕.

＿＿＿＿＿＿＿＿＿＿＿＿＿＿＿＿＿＿＿＿＿＿＿＿＿＿ .

8 次の日本文を英文になおしなさい。 6点×2〔12点〕

(1) あなたは家の外にいなければなりません。

＿＿＿＿＿＿＿＿＿＿＿＿＿＿＿＿＿＿＿＿＿＿＿＿＿＿

(2) 彼らはそのネコをかわいいと思っています。

＿＿＿＿＿＿＿＿＿＿＿＿＿＿＿＿＿＿＿＿＿＿＿＿＿＿

Workplace Experience

テストに出る！ **ココ**が**要点**&**チェック！**

動名詞（動詞の -ing 形）

数 p.46〜p.49

① 目的語になる動名詞

→★(1)(2)

動詞の -ing 形は進行形で使われるほか，名詞の働きをして「〜すること」を表す。この動詞の -ing 形を動名詞と呼ぶ。enjoy などの目的語となり「〜することを楽しむ」のような意味になる。

「楽しむ」　「働くことを」
I enjoyed **working** at a bookstore.　　　　私は書店で働くのが楽しかったです。
└─動詞　　└─目的語（動名詞）

「好む」　「聞くことを」
I like **listening** to music.　　　　私は音楽を聞くことが好きです。

・ 動詞の -ing 形 ・

・動詞の語尾に ing をつける
visit（訪れる）　　→ visiting
look（見る）　　→ looking
・語尾の e を取って ing をつける
use（使う）　　→ using
make（作る）　　→ making
・最後の文字を重ねて ing をつける
stop（止まる）　　→ stopping
swim（泳ぐ）　　→ swimming

・ 動名詞を目的語にとる動詞 ・

enjoy 〜ing	〜して［することを］楽しむ
stop 〜ing	〜することをやめる
love 〜ing	〜することが大好きである
finish 〜ing	〜し［することを］終える
like 〜ing	〜することが好きである
start［begin］〜ing	〜し［することを］始める

---

② 主語になる動名詞

→★(3)(4)

動詞の -ing 形は文の主語にもなり，「〜することは［が］…だ」のような形で使うことができる。
動名詞が主語になるときは，3 人称単数扱いとなる。

Tennis is a lot of fun.　　　　テニスはとても楽しいです。

「テニスをすることは」
Playing tennis is a lot of fun.　　　　テニスをするのはとても楽しいです。
　　　　└─主語（動名詞）は 3 人称単数扱い
──動名詞の後ろに目的語や修飾語句を伴った主語

Walking with a lot of water is very hard.　　たくさんの水を持って歩くことはとても大変です。
「たくさんの水を持って歩くことは」

「(人)に〜ということを伝える[教える]」の表現

3 〈tell[teach]＋人＋that 〜〉

→★(5)(6)

that(接続詞)以下は〈that＋主語＋動詞〉の形で「〜ということ」を表し，動詞の目的語の働きをする。〈tell[teach]＋人＋that 〜〉で「(人)に〜ということを伝える[教える]」を表す。

「ケンタが病気で寝ているということ」

Kenta's mother **told me that Kenta was sick in bed**.

人 〈that＋主語＋動詞 〜〉

ケンタのお母さんは，ケンタが病気で寝ていると教えてくれました。

Father **taught me that getting up early is important**.

父は早起きの大切さを教えてくれました。

重要表現

4 よく使われる重要な表現を覚えよう。

→★(7)(8)

I'd like to use English in my future job.

└ I'd like to 〜「〜したい」

私は将来の仕事で英語を使いたいです。

Go for it, Aya.

└ go for it「がんばって，全力でやってみる」

がんばって，アヤ。

I took care of children.

└ take care of 〜「〜の面倒を見る，〜の世話をする」

私は子どもたちの世話をしました。

I was surprised at the news.

└ be surprised at 〜「〜に驚いて」

私はそのニュースに驚きました。

☆チェック！ （ ）内から適する語句を選びなさい。

1 □ (1) I like (watch / watching) baseball.　　私は野球を見ることが好きです。

□ (2) We finished (play / playing) video games.　　私たちはテレビ・ゲームをし終えました。

2 □ (3) (Speak / Speaking) English is fun.　　英語を話すことは楽しいです。

□ (4) (Do / Doing) this homework is hard.　　この宿題をすることは大変です。

3 □ (5) My father (said me when / told me that) he was busy.

父は私に忙しいということを伝えました。

□ (6) The teacher (spoke us to / taught us that) some penguins live in very hot places.

先生は私たちにとても暑い場所に住むペンギンもいることを教えました。

4 □ (7) I'd (like / like to) eat ice cream.　　私はアイスクリームが食べたいです。

□ (8) She (was surprised at / surprised at) the story.　彼女はその話に驚きました。

テスト対策問題

🎵 リスニング

♪ a13

1 (1)と(2)の対話と質問を聞いて，答えとして適するものを１つ選び，記号で答えなさい。

(1) ア　They enjoy playing baseball.　　イ　They enjoy playing soccer.
　　ウ　They enjoy watching baseball.　　　　　　　　　　　　　（　　　）

(2) ア　They like cooking.　　　　　　イ　They are going to cook together.
　　ウ　They are going to eat at a restaurant.　　　　　　　　　（　　　）

2 (1)〜(6)は単語の意味を書きなさい。(7)〜⑽は日本語を英語にしなさい。

(1) real　　　（　　　　　　）　　(2) experience（　　　　　　）

(3) report　　（　　　　　　）　　(4) require　　（　　　　　　）

(5) magazine （　　　　　　）　　(6) still　　　（　　　　　　）

(7) 仕事場　　＿＿＿＿＿＿＿　　(8) 数，数字　＿＿＿＿＿＿＿

(9) 速さ　　　＿＿＿＿＿＿＿　　⑽ 必要な　　＿＿＿＿＿＿＿

2　重要単語
よく出る単語の意味を覚えよう。

3 次の日本文に合うように，＿＿に適する語を書きなさい。

(1) 私ははさみを使いたい。
　　I'd ＿＿＿＿＿＿＿ ＿＿＿＿＿＿＿ use scissors.

(2) がんばって。
　　＿＿＿＿＿＿＿ ＿＿＿＿＿＿＿ ＿＿＿＿＿＿＿.

(3) 最初は数学が好きではありませんでした。
　　I didn't like math ＿＿＿＿＿＿＿ ＿＿＿＿＿＿＿.

(4) ミカは彼らの世話をします。
　　Mika ＿＿＿＿＿＿＿ ＿＿＿＿＿＿＿ ＿＿＿＿＿＿＿ them.

(5) ここには昔，城がありました。
　　＿＿＿＿＿＿＿ ＿＿＿＿＿＿＿ ＿＿＿＿＿＿＿ ＿＿＿＿＿＿＿ a castle here.

(6) 私はその話に驚きました。
　　I ＿＿＿＿＿＿＿ ＿＿＿＿＿＿＿ ＿＿＿＿＿＿＿ the story.

3　重要表現
(1)「〜したい」はI want to 〜．またはI'd like to 〜．
(3)反対の「ついに」は at last。

おぼえよう！

「がんばって」
Go for it.
「昔〜があった」
there used to be 〜
「〜の世話をする」
take care of 〜
「〜に驚く」
be surprised at 〜

よく出る 4 次の文の＿＿に，（　）内の語を適する形にかえて書きなさい。

(1) I like ＿＿＿＿＿＿＿ with my mother at home.　（cook）

(2) They finished ＿＿＿＿＿＿＿ pictures.　（paint）

ミス注意! (3) I enjoy ＿＿＿＿＿＿＿ in this city.　（live）

ミス注意! (4) ＿＿＿＿＿＿＿ the report was very hard.　（write）

ミス注意! (5) ＿＿＿＿＿＿＿ the box with paper was fun.　（wrap）

4　動名詞

ミス注意！

動詞の -ing 形
①語尾に ing
visit → visiting
②語尾の e を取って ing
make → making
③最後の字を重ねて ing
stop → stopping

p.29 答　(1) watching　(2) playing　(3) Speaking　(4) Doing　(5) told me that　(6) taught us that
(7) like to　(8) was surprised at

5 次の対話文を読んで，あとの問いに答えなさい。

5 本文の理解

> *Mrs. King:* Where did you have your experience?
> *Aya:* At a bookstore. I really enjoyed ①(work) there and I learned a lot through working in a real store.
> *Mrs. King:* Do you want to be a shopkeeper ② (＿＿＿)(＿＿＿)(＿＿＿)?
> *Aya:* I'm not sure. I like talking in English very much. ③〔 to / my / job / I'd / like / future / English / in / use 〕.
> *Mrs. King:* I hope your dream ④(＿＿＿)(＿＿＿). Go for it, Aya.

(1) ①の（ ）内の語を適する形になおしなさい。
　　＿＿＿＿＿＿＿

(2) 下線部②に入る「将来（は）」を表す 3 語を書きなさい。
　　＿＿＿＿＿＿　＿＿＿＿＿＿　＿＿＿＿＿＿

(3) 下線部③が「私は，私の将来の仕事で英語を使いたいです」という意味になるように，〔 〕内の語を並べかえなさい。
　　＿＿＿＿＿＿＿＿＿＿＿＿＿＿＿＿＿.

(4) 下線部④に入る「実現する」を表す 2 語を書きなさい。
　　＿＿＿＿＿＿　＿＿＿＿＿＿

(1) enjoy は後ろに動名詞をとる動詞。
(3)「〜したい」は，I'd like to 〜。
(4)「実現する」は「本当になる」と考える。主語から動詞の形に注意。

6 次の日本文に合うように，＿＿に適する語を書きなさい。

(1) 私は彼に私は幸せだということを伝えました。
　　I ＿＿＿＿ ＿＿＿＿ ＿＿＿＿ I was happy.

(2) 先生は私たちに勉強することは楽しいということを教えました。
　　Our teacher ＿＿＿＿ ＿＿＿＿ ＿＿＿＿ studying is fun.

6 〈tell[teach]＋人＋that 〜〉

ポイント
〈tell[teach]＋人＋that 〜〉で「（人）に〜ということを伝える［教える］」の意味。that は「〜ということ」を表す接続詞。

7 〔 〕内の語を並べかえて，日本文に合う英文を書きなさい。

(1) 私はピアノを弾くことが好きです。
　　I〔 playing / piano / the / like 〕.
　　I ＿＿＿＿＿＿＿＿＿＿＿＿.

(2) 子どもたちの世話をするのはとても大変です。
　　〔 care / taking / is / children / of 〕 very hard.
　　＿＿＿＿＿＿＿＿＿＿ very hard.

7 動名詞

ポイント
「〜すること」を表す動名詞（動詞の -ing 形）は動詞の目的語や文の主語として使われる。

8 次の日本文を英文になおしなさい。

(1) 私たちは昨日テレビ・ゲームをして楽しみました。
　　＿＿＿＿＿＿＿＿＿＿＿＿

(2) あなたはあなたのレポートを書き終えましたか。
　　＿＿＿＿＿＿＿＿＿＿＿＿

8 英作文
(1) enjoy 〜ing を使った過去形の文。
(2)「修理する」は fix。

テストに出る！
予想問題

Lesson 4
Workplace Experience

🕐 30分

/100点

1 対話と質問を聞いて，答えとして適する絵を1つ選び，記号で答えなさい。 🎵 a14 〔4点〕

ア　イ　ウ　エ

（　　　　）

2 対話と質問を聞いて，答えとして適するものを1つ選び，記号で答えなさい。

ア　He will teach her English songs.　イ　He will meet her father.　🎵 a15 〔4点〕

ウ　He is good at singing.　　　　　　エ　She will teach him Japanese songs. （　　　　）

3 次の文の＿＿に，（　）内の語を適する形にかえて書きなさい。　3点×3〔9点〕

(1)　I finished ＿＿＿＿＿＿ the book yesterday. （read）

(2)　＿＿＿＿＿＿ different countries is very exciting. （visit）

(3)　She told me that ＿＿＿＿＿＿ kind to my friends is important. （be）

4 次の日本文に合うように，＿＿に適する語を書きなさい。　4点×5〔20点〕

(1)　バスケットボール部に参加したいです。

I'd ＿＿＿＿＿＿ ＿＿＿＿＿＿ join the basketball club.

(2)　彼女はピアノを弾くのがじょうずです。

She ＿＿＿＿＿＿ ＿＿＿＿＿＿ ＿＿＿＿＿＿ playing the piano.

(3)　あなたは将来何になりたいですか。

What do you want to be ＿＿＿＿＿＿ ＿＿＿＿＿＿ ＿＿＿＿＿＿?

(4)　彼女は子どもたちを散歩に連れ出しました。

She ＿＿＿＿＿＿ her children out ＿＿＿＿＿＿ ＿＿＿＿＿＿ ＿＿＿＿＿＿.

(5)　彼は理科が好きではありません。たとえそうでも，勉強しなればなりません。

He doesn't like science. ＿＿＿＿＿＿ ＿＿＿＿＿＿, he has to study it.

5 次の対話が成り立つように，＿＿に適する語を▢から選び書きなさい。　4点×2〔8点〕

(1)　What did your mother say?

— She told ＿＿＿＿＿＿ ＿＿＿＿＿＿ she was going to visit Tokyo.

(2)　What did you do yesterday?

— I was at home. I ＿＿＿＿＿＿ ＿＿＿＿＿＿ a picture.

enjoyed	painting
that	me

6 次の英文を読んで，あとの問いに答えなさい。 〔31点〕

①I ( ) a workplace experience at a bookstore. Ms. Aoki, the shopkeeper, helped me (ア). I brought (イ) books and magazines from the stockroom and placed ②them on the ③(shelf). It was tough work, but I enjoyed ④(talk) with the customers.

Ms. Aoki told me ⑤[that / five bookstores / town / to / in / there / be / this / used]. She also showed me a graph. She taught me that the number of bookstores in Japan is decreasing.

(1) 下線部①の文が「私は書店で仕事場体験をしました」という意味になるように，( )に適する語を書きなさい。 〈5点〉

_____

(2) (ア)と(イ)には，a lot または a lot of のどちらが入るかを考え，それぞれ適する語句を書きなさい。 〈5点〉

ア_____ イ_____

(3) 下線部② them が表すものを文中から3語で抜き出して書きなさい。 〈5点〉

_____ _____ _____

(4) ③の( )内の語を複数形にしなさい。 〈5点〉

_____

(5) 下線部④の語を適する形になおしなさい。 〈5点〉

_____

(6) 下線部⑤が「この町には昔は書店が5店舗あったということ」という意味になるように，〔 〕内の語を並べかえなさい。 〈6点〉

_____

7 〔 〕内の語句を並べかえて，日本文に合う英文を書きなさい。 6点×2〔12点〕

(1) たくさんの水を飲むことは健康に良いです。

Drinking [a / lot / good /of / water / your *health / for / is]. ＊health 健康

Drinking _____.

(2) 彼は私に音楽を聞くことはおもしろいと教えてくれました。

He [that / music / taught / me / interesting / listening / to / is].

He _____.

8 次の日本文を( )内の指示にしたがって，英文になおしなさい。 6点×2〔12点〕

(1) 他の人を助けることは大切です。 （others を使って）

_____

(2) 子どもたちの世話をすることは多くのエネルギーが必要です。 （動名詞を使って）

_____

Lesson 5

HELLO!

How to Celebrate Halloween

テストに出る! **ココ**が**要点**&**チェック!**

不定詞のさまざまな使い方

教 p.56〜p.61

1 〈疑問詞＋to＋動詞の原形〉

→★オエラフ(1)(2)(3)

〈疑問詞＋to＋動詞の原形〉の形で名詞のように働き，動詞の目的語として使われる。〈how to＋動詞の原形〉で「〜の仕方」，〈what to＋動詞の原形〉で「〜すべきこと」などを表す。

I know his name.
目的語

私は彼の名前を知っています。

〈how＋to＋動詞の原形〉「〜の仕方」
I know **how to make** a jack-o'-lantern.

私はジャック・オ・ランタンのつくり方を知っています。

目的語の役割

I didn't know **what to do** next.
〈what＋to＋動詞の原形〉「何を〜すべきか」

私は次に何をしたらいいのかわかりませんでした。

〈疑問詞＋to＋動詞の原形〉	
how to 〜	「〜の仕方[どのように〜するか]」
what to 〜	「〜すべきこと[何を〜すべきか]」
when to 〜	「いつ〜すべきか」
where to 〜	「どこに〜すべきか」

〈疑問詞＋to＋動詞の原形〉を目的語にとることが多い動詞			
know	「知っている」	teach	「教える」
learn	「学ぶ」	ask	「たずねる」
tell	「伝える」	show	「見せる」 など

2 〈It is ... (for＋人) to＋動詞の原形〉

→★オエラフ(4)(5)

〈It is ... (for＋人) to＋動詞の原形〉で「〜することは((人)にとって)…だ」を表す。it は to 以下のことを指す。「...」には interesting や easy などの形容詞がよく使われる。

形容詞 〈to＋動詞の原形〉
It is interesting **to learn** about Halloween.
it は to 以下の内容を指す

ハロウィーンについて学ぶことはおもしろいです。

to 以下を行う人を指す
It is easy for me **to get up** early.
it は to 以下の内容を指す

私にとって早起きすることは簡単です。

3 〈teach＋人＋how to 〜〉 ➡★オプラス(6)(7)

〈teach＋人＋how to 〜〉で「(人)に〜の仕方を教える」を表す。動詞のあとにくる「人」と〈疑問詞＋to＋動詞の原形〉が両方とも動詞の目的語となっている。

Bob taught me English.　　　ボブは英語を私に教えてくれました。
　　　　　人(目的語1)┘　└もの(目的語2)

Bob taught me how to make a jack-o'-lantern.
　　　　　人(目的語1)┘　　　　　└〈疑問詞＋to＋動詞の原形〉(目的語2)

　　　　　　　　　　　ボブが私にジャック・オ・ランタンのつくり方を教えてくれました。

┌─────── 目的語を2つとる動詞と〈疑問詞＋to＋動詞〉との組み合わせ ───────┐
│ 〈teach＋人＋what to 〜〉　　「(人)に〜をすべきか教える」 │
│ 〈tell＋人＋where to 〜〉　　「(人)にどこへ〜すべきか伝える」 │
│ 〈ask＋人＋when to 〜〉　　「(人)にいつ〜すべきかをたずねる」 │
│ 〈show＋人＋how to 〜〉　　「(人)に〜の仕方を見せる」　　など │
└──────────────────────────────────────┘

重要表現

教 p.56〜p.61

4 よく使われる重要な表現を覚えよう。 ➡★オプラス(8)(9)

Got it? — Got it!　　　　　　　　わかった？ — わかった！
　　└Got it.「わかった」

The festival **takes place** on July 7th.　その祭りは7月7日に行われます。
　　　　　　　└take place「行われる，起こる」

Irish people put turnip lanterns outside their homes to **keep** the evil spirits away.
　　　　　　　　　　　　　　　　　keep 〜 away「〜を遠ざける」┘

　　　　　　　アイルランドの人々は邪悪な霊を遠ざけるためにカブのちょうちんを家の外に置きました。

The festival is **different from** the Bon Festival in Japan.
　　　　　　└be different from 〜「〜とは異なっている」

　　　　　　　　　　　　　　　　その祭りは日本のお盆と異なります。

・・・

☆チェック!　（　）内から適する語句を選びなさい。

1 □ (1) I don't know (what / what to) say.　私は何と言うべきかわかりません。
　□ (2) Mary knew (how / how to) go to the library.　メアリーは図書館への行き方を知っていました。
　□ (3) Do you know (how / how to) dance?　あなたは踊り方を知っていますか。
2 □ (4) It is fun (play / to play) video games.　テレビ・ゲームをするのは楽しいです。
　□ (5) It is hard (study / to study) every day.　毎日勉強するのは大変です。
3 □ (6) He taught me (how / how to) cook.　彼は私に料理の仕方を教えてくれました。
　□ (7) Can you tell me (when / when to) start?　いつ始めるべきか知らせてくれますか。
4 □ (8) The sports festival (takes / gets) place in May.　体育祭は5月に行われます。
　□ (9) This color is different (from / of) that color.　この色とあの色とは異なります。

☆チェック! の答えは次ページ ➡　**35**

テスト対策問題

テスト対策☀ナビ

♪ リスニング

♪ a16

1 (1)と(2)の対話と質問を聞いて，答えとして適するものを１つ選び，記号で答えなさい。

(1) ア　He wants to know how to play chess.
　　イ　He wants to know how to play *shogi*.
　　ウ　He doesn't know how to play chess.　　（　　　）

(2) ア　It is easy to learn Japanese.
　　イ　They want someone to teach Japanese.
　　ウ　It is difficult to learn Japanese.　　（　　　）

2 (1)〜(6)は単語の意味を書きなさい。(7)〜(10)は日本語を英語にしなさい。

(1) hole　（　　　　　）　(2) seed　（　　　　　）
(3) evil　（　　　　　）　(4) origin　（　　　　　）
(5) ancestor（　　　　　）　(6) custom　（　　　　　）
(7) 〜を刻む　＿＿＿＿＿　(8) 衣装　＿＿＿＿＿
(9) 〜を祝う　＿＿＿＿＿　(10) 同じような＿＿＿＿＿

2 重要単語
よく出る単語の意味を覚えよう。

3 次の日本文に合うように，＿＿に適する語を書きなさい。

(1) わかった？　＿＿＿＿＿ ＿＿＿＿＿?
(2) 七夕は７月７日に行われます。
　　The Star Festival ＿＿＿＿＿ ＿＿＿＿＿ on July 7th.
(3) 彼はかばんを開けて本を取り出しました。
　　He opened his bag and ＿＿＿＿＿ ＿＿＿＿＿ a book.
(4) 私たちは不運を遠ざけるためにこうするのです。
　　We do this to ＿＿＿＿＿ bad luck ＿＿＿＿＿.
(5) 彼らの食べものは私たちの食べものとは違います。
　　Their food is ＿＿＿＿＿ ＿＿＿＿＿ our food.

3 重要表現
(2)主語は３人称単数形。
(3)過去形であることに注意。

おぼえよう！
「わかった？」
Got it?
「〜を取り出す」
take out 〜
「〜を遠ざける」
keep 〜 away
「行われる，起きる」
take place
「〜とは異なっている」
be different from 〜

4 次の文の＿＿に，（　）内の語を適する２語にかえて書きなさい。

(1) I know how ＿＿＿＿＿ the violin.　（play）
(2) He showed me how ＿＿＿＿＿ ＿＿＿＿＿ curry and rice.　（cook）
(3) It is fun ＿＿＿＿＿ a party.　（have）
(4) Can you tell me when ＿＿＿＿＿ ＿＿＿＿＿?　（start）
(5) Please show me how ＿＿＿＿＿ this container.　（make）

4 不定詞のさまざまな使い方

ポイント
〈疑問詞＋to＋動詞の原形〉
how to 〜「〜の仕方」
when to 〜
「いつ〜すべきか」
〈It is ... (for+人) to 〜.〉
「〜することは((人)にとって)…だ」

p.35 答　(1) what to　(2) how to　(3) how to　(4) to play　(5) to study　(6) how to
(7) when to　(8) takes　(9) from

5 次の英文を読んで，あとの問いに答えなさい。

5 本文の理解

> October 31st was Irish New Year's Eve. Irish people believed that the spirits of dead people appeared ①on this day. ②They (　　　)(　　　)(　　　) evil spirits, too. They wore scary costumes. By ③doing so, they wanted to trick evil spirits. Also, ④they put turnip lanterns outside their homes to keep the evil spirits away. After moving to the United States, ⑤people started using pumpkins.

(1) 下線部①はいつのことを指しますか。英語で書きなさい。

_____

(2) 下線部②の文が「彼らは邪悪な霊を恐れていました」という意味になるように（　）内に入る適切な3語を書きなさい。

_____ _____ _____

(3) 下線部③はどうすることを指しますか。日本語で書きなさい。

（　　　　　　　　　　　　　　　　　）

(4) 下線部④を日本語になおしなさい。

（　　　　　　　　　　　　　　　　　　　　）

(5) 下線部⑤にある pumpkins（カボチャ）の前に同様に使っていたものは何ですか。2語の英語で答えなさい。

_____ _____

(2)「〜を恐れている」は be afraid of 〜。
(3)直前の by は「〜によって」。
(4)keep 〜 away は「〜を遠ざける」。

6 不定詞のさまざまな使い方
(1) for him で「彼にとって」という意味。
(2)「行き方」を〈疑問詞＋to 〜〉で表す。

🎯よく出る **6** 次の日本文に合うように，___に適する語を書きなさい。

(1) 彼にとってその問題に答えることはやさしいことだった。

It was easy _____ him _____ _____ the question.

(2) 彼女は駅への行き方を私にたずねました。

She asked me _____ _____ get to the station.

7 〈It is ... (for＋人) to 〜.〉

🎯よく出る **7** 次の2組の文がほぼ同じ意味になるよう書きかえるとき，___に適する語を書きなさい。

(1) Swimming in this river is dangerous.

It is _____ _____ _____ in this river.

(2) Helping your friend is important.

It is _____ _____ _____ your friend.

ポイント

〈It is ... (for＋人) to 〜.〉の文では，It は to 以下を指す。この to 以下を動名詞(-ing 形)にして文の主語にすることができる。

8 次の日本文を（　）内の指示にしたがって，英文になおしなさい。

(1) その顔を描くのは私には難しかったです。　（it で始めて）

_____

(2) その祭りをいつ祝うのか私に教えてくれますか。（to を使って）

_____

8 英作文
(1)〈It is ... (for＋人) to 〜.〉の文。「描く」は draw。
(2)「いつ祝うのか」は when to celebrate。

テストに出る！

予想問題

Lesson 5
How to Celebrate Halloween

🕐 30分

/100点

🎵 **1** 対話と2つの質問を聞いて，答えとして適するものを1つ選び，記号で答えなさい。

♪ a17 〔7点〕

(1) ア 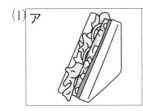　イ 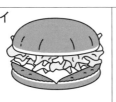　ウ 　エ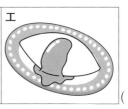

(　　　)

(2) ア　He will cut some vegetables.　イ　He will cook some bacons.　〔7点〕

ウ　He will make an omelet.　エ　He likes tomatoes.

(　　　)

2 次の文の(　)内から適する語句を選び，○で囲みなさい。　2点×3〔6点〕

(1) I know (how / how to / what) make a cake.

(2) It is dangerous (for me / me / I) to go there.

(3) Can you tell me when (visit / visiting / to visit) your house?

3 次の日本文に合うように，＿＿に適する語を書きなさい。　3点×5〔15点〕

(1) ひな祭りは3月3日に行われます。

Hinamatsuri ＿＿＿＿＿＿ ＿＿＿＿＿＿ on March 3rd.

(2) 彼はイヌが怖いです。

He ＿＿＿＿＿＿ ＿＿＿＿＿＿ ＿＿＿＿＿＿ dogs.

(3) お盆はハロウィーンとは異なっています。

Bon Festival ＿＿＿＿＿＿ ＿＿＿＿＿＿ ＿＿＿＿＿＿ Halloween.

(4) 最初にこれらの質問に答えてください。

＿＿＿＿＿＿, answer these questions, please.

(5) 最後にこの箱にそれを入れます。わかりましたか？

＿＿＿＿＿＿, you put it in this box. ＿＿＿＿＿＿ ＿＿＿＿＿＿?

4 次の各組の文がほぼ同じ内容を表すように，＿＿に適する語を書きなさい。　5点×3〔15点〕

(1) To listen to music is fun.

It's ＿＿＿＿＿＿ ＿＿＿＿＿＿ listen to music.

(2) To use this computer is hard for Kate.

It's ＿＿＿＿＿＿ for Kate ＿＿＿＿＿＿ ＿＿＿＿＿＿ this computer.

(3) Learning Japanese is interesting for Tom.

＿＿＿＿＿＿ is ＿＿＿＿＿＿ for Tom ＿＿＿＿＿＿ learn Japanese.

5 次の対話文を読んで，あとの問いに答えなさい。 〔計20点〕

> *Pedro:* I remember the Day of the Dead in Brazil. We celebrate it on November 2nd.
>   *Aya:* Can you tell me more?
> *Pedro:* Sure. We go to church and give flowers （ ① ） remember our ancestors.
>   *Aya:* Oh, ②it's like the Bon Festival in Japan! We believe our ancestors' spirits
>   return home （ ③ ） Obon.
> *Pedro:* ④〔 know / to / it's / similar / have / interesting / we / customs 〕.

(1) 本文の内容に合うように，次の質問に英文で答えなさい。

When is the Day of the Dead in Brazil? 〈5点〉

_____

(2) ①，③の（ ）内に入る語を□から選んで書きなさい。 2点×2〈4点〉

| to from during then |

① _____ ③ _____

(3) 下線部②について，日本のお盆とブラジルの死者の日のどのようなところが似ているの
かを日本語で説明しなさい。 〈6点〉

( )

(4) 下線部④が「私たちが似た慣習を持っていることを知ることは興味深いです」という意
味になるように，〔 〕内の語句を並べかえなさい。 〈5点〉

_____.

6 〔 〕内の語句を並べかえて，日本文に合う英文を書きなさい。 5点×3〔15点〕

(1) 私はどこへ行くべきか知りません。 〔 know / to / I / don't / go / where 〕.

_____.

(2) 彼女は私に泳ぎ方を教えてくれました。 〔 taught / she / me / to / how / swim 〕.

_____.

(3) 私にとって料理をすることは楽しいです。 〔 fun / it / cook / me / is / for / to 〕.

_____.

7 次の日本文を（ ）内の指示にしたがって，英文になおしなさい。 5点×3〔15点〕

(1) あなたは次にどこに行けばいいか知っていますか。 （不定詞を使って）

_____

(2) 私たちが異なる習慣を持っているということを知るのはとてもおもしろいです。 （itを主語にする）

_____

(3) 紙のカバーで本を包む方法を私に教えてくれませんか。 （can，teach を使って）

_____

Castles and Canyons 〜 買いものの表現

テストに出る！ **ココ**が**要点**&**チェック！**

比較

教 p.66〜p.71

1 比較級の文

→★(1)

2つ(2人)を比べて「〜よりも…だ」と言うときは，〈形容詞・副詞＋er〉(比較級)を使い，〈比較級＋than 〜〉と表す。than は「〜よりも」の意味で，比べる対象があとにくる。

原級 The Great Buddha is tall.　　　　　　　大仏は(背が)高いです。
└─ 変化する前の形容詞・副詞を原級という

比較級 The Great Buddha is taller than our school.
　　　　　　　tall の比較級──┘　　「〜よりも」
　　　　　　　　　　　　　　　　　　大仏は私たちの学校よりも高いです。

2 最上級の文

→★(2)

3つ(3人)以上を比べて「〜の中でいちばん…だ」と言うときは，〈形容詞・副詞＋est〉(最上級)を使い，〈the＋最上級＋of[in] 〜〉と表す。

原級 This is a tall Great Buddha.　　　　　これは(背の)高い大仏です。

　　　　　　　　　　　　　　　　　　　　　　「〜の中で」
最上級 This is the tallest Great Buddha in Japan.　これは日本でいちばん高い大仏です。
　最上級の前には the──┘　　└─ tall の最上級　　　　└─〈in＋ある集団，地域〉，〈of＋複数名詞〉

┌──── 比較級(-er)・最上級(-est)のつくり方 ────┐

er, est をつける	r, st だけをつける	最後の文字を重ねて er, est をつける	y を i に変えて er, est をつける
tall(背が高い)	nice(よい)	big(大きい)	easy(簡単な)
→ taller → tallest	→ nicer → nicest	→ bigger → biggest	→ easier → easiest
high(高い)	large(大きい)	hot(暑い)	busy(忙しい)
→ higher → highest	→ larger → largest	→ hotter → hottest	→ busier → busiest

3 more を使う比較級と most を使う最上級

→★(3)

比較的つづりの長い形容詞や副詞を使って比較級，最上級を表すときには，〈more＋形容詞・副詞＋than 〜〉(比較級)，〈the most＋形容詞・副詞＋in[of] 〜〉(最上級)で表す。

比較級 This book is more interesting than that one.
　　　　　　　　　　　　　　　　　この本はその本よりもおもしろいです。

最上級 Himeji Castle is the most popular in Japan.
　　　　　　　　　　　　　　　姫路城は日本でいちばん人気があります。

┌──── 比較級・最上級に more, most を使う形容詞・副詞 ────┐

important(重要な)	popular(人気のある)	useful(役に立つ)	exciting(わくわくする)
difficult(難しい)	careful(注意深い)	quickly(すばやく)	wonderful(すばらしい) など

4 as ... as 〜の文 →★(4)

2つ(2人)を比べて、「〜と同じくらい…だ」と程度や数量が同じであることを表すときは、〈as＋形容詞・副詞(原級)＋as 〜〉と表す。as と as の間には形容詞や副詞の原級を置く。

Kyoto is **as popular as** Nara. 　　　京都は奈良と同じくらい人気です。
　　　　　　原級

5 like ... better than 〜, like 〜 the best の文 →★(5)

「〜よりも…が好きだ」は like ... better than 〜、「〜がいちばん好きだ」は like 〜 the best で表す。better, best は good または well の比較級、最上級で不規則に変化する。

I like summer the **best**. 　　　私は夏がいちばん好きです。
　　　　　　　└ well の最上級

┌──────── 不規則に変化する good, well ────────┐

	原級	比較級	最上級
	good(良い)・well(じょうずに、健康な)	better	best

6 注意すべき比較の文 →★(6)

「〜よりずっと…だ」と強調するとき、比較級の前に much を入れて〈much＋比較級＋than 〜〉と表す。「もっとも〜の1つ」は、最上級を使って〈one of the＋最上級＋複数名詞〉と表す。

The Great Buddha is **much taller** than my house. 　その大仏は私の家よりもずっと高いです。
Kamakura is **one of the oldest** towns in Japan. 　鎌倉は日本でもっとも古い町の1つです。

買いものでの表現
教 p.75

7 自分のほしい商品ではないとき、別の商品を見たいときの言い方 →★(7)

「それは私には〜すぎます」と言うときは〈It is too＋形容詞＋for me.〉と表す。「もっと〜のものはありませんか」と言うときは〈Do you have any＋形容詞の比較級＋ones?〉で表す。

How about this one? 　　　こちらはいかがでしょうか。
— It's too expensive for me. 　　Do you have any cheaper ones?

　　　それは私には高すぎます。もっと安いものはありませんか。

- -

☆チェック! 　( )内から適する語句を選びなさい。

1 □ (1) I am (tall / taller) than my brother. 　　私は私の兄[弟]よりも背が高いです。

2 □ (2) He is (young of / the youngest in) his family. 　彼は家族の中でいちばん若いです。

3 □ (3) This flower is (beautiful in / the most beautiful of) all flowers.

　　　　　　　　　　　　　　　　この花はすべての花の中でいちばん美しいです。

4 □ (4) She is (kinder than / as kind as) her sister. 　彼女はお姉さん[妹]と同じくらい親切です。

5 □ (5) I like *shogi* (better / better than) chess. 　私はチェスよりも将棋が好きです。

6 □ (6) This temple is (bigger / much bigger) than that one. この寺はあの寺よりずっと大きいです。

7 □ (7) It's (too / as) small for me. 　　　それは私には小さすぎます。

テスト対策問題

テスト対策ナビ

🎵 リスニング
♪ a18

1 (1)と(2)の対話と質問を聞いて，答えとして適するものを１つ選び，記号で答えなさい。

(1) ア　She likes reading books better.　イ　She likes watching movies better.
　　 ウ　She sometimes reads comic books.　　　　　　　（　　　）

(2) ア　She likes music the best.　　　イ　She likes arts and crafts the best.
　　 ウ　She likes singing.　　　　　　　　　　　　　　（　　　）

2 (1)〜(6)は単語の意味を書きなさい。(7)〜(10)は日本語を英語にしなさい。(8)は与えられた文字で始めること。

(1) search（　　　）　(2) history（　　　）
(3) especially（　　　）　(4) photographer（　　　）
(5) mysterious（　　　）　(6) scenery（　　　）
(7) 岩，石 _____　(8) 〜の間で a_____
(9) 強力な _____　(10) 魅力的な _____

2 重要単語
よく出る単語の意味を覚えよう。

3 次の日本文に合うように，____に適する語を書きなさい。

(1) さあ，着いた。
_____ _____ _____.

(2) 彼の父親は医者だそうです。
_____ _____ his father is a doctor.

(3) その花は夜にはいっそう美しく見える。
The flower looks _____ _____ beautiful at night.

(4) 多量の雨のおかげでたくさんの花が咲いた。
We had many flowers _____ _____ a lot of rain.

(5) あなたは最初，寂しいと感じるかもしれません。
You _____ feel lonely at first.

3 重要表現

おぼえよう!
「さあ，着いた」
Here we are.
「〜だそうだ」
I hear (that) 〜.
「いっそう」
even more
「〜のおかげで」
because of 〜

4 次の文の____に，（　）内の語を適する形にかえて書きなさい。

(1) You are _____ than Bob. （tall）
(2) This dish tastes _____ than that one. （nice）
(3) This question is _____ than that one. （easy）
(4) Brazil is _____ than Australia. （big）
(5) This park is the _____ in my town. （large）
(6) August is the _____ month here. （hot）
(7) Soccer is _____ _____ than baseball. （popular）

4 比較

ポイント
比較級，最上級のつくり方
①原則 er, est をつける。
②e で終わる語⇒r, st のみをつける。
③〈子音字＋y〉で終わる語⇒y を i にかえて er, est をつける。
④最後の文字を重ねて er, est をつける。
⑤長めの形容詞・副詞には前に more, most をつける。

p.41 答　(1) taller　(2) the youngest in　(3) the most beautiful of　(4) as kind as　(5) better than　(6) much bigger　(7) too

5 次の対話文を読んで，あとの問いに答えなさい。

5 本文の理解

> *Aya:* Kamakura was wonderful. ① What [do / to / place / visit / you / want] next?
> *Bob:* I'm interested in Japanese castles.
> *Aya:* I hear they're popular among history fans.
> *Bob:* Yes. Japanese castles are ②(interesting) than Japanese food to me.
> *Kenta:* ③ Incredible! I prefer eating (④) sightseeing.
> *Aya:* Let's do an Internet search on castles. This site says Himeji Castle is the ⑤(popular) castle in Japan.

(1) 下線部①が「次にどの場所を訪ねたいですか」という意味になるように，〔 〕内の語を並べかえなさい。

What _____ next?

(2) ②と⑤の( )内の語を正しい形になおしなさい。

② _____

⑤ _____

(3) 下線部③で Kenta がなぜそう言ったのか日本語で説明しなさい。

(_____)

よく出る (4) ④の( )内に適する語を書きなさい。 _____

(2)②あとに than が続くことに注目。
⑤前に the がついていることに注目。
(3) Incredible! は「信じられない！」の意味。
(4) prefer は than を使わないので注意。

6 比較

よく出る 6 次の日本文に合うように，____に適する語を書きなさい。

ミス注意! (1) これはすべての山の中でいちばん高い山です。

This is the _____ _____ all mountains.

ミス注意! (2) 彼は日本でいちばん有名な作家です。

He is the _____ _____ writer _____ Japan.

(3) 京都は東京と同じくらい人気があります。

Kyoto is _____ _____ _____ Tokyo.

(4) 私はサッカーよりも野球が好きです。

I like baseball _____ _____ soccer.

ミス注意!

最上級の文で使う in と of「〜の中で」
・〈in＋集団・地域などの範囲を表す語句〉
・〈of＋all や複数のものを表す語句〉

おぼえよう!

「〜と同じくらい…」
〈as＋形容詞・副詞の原級＋as 〜〉
「〜よりも…が好き」
like ... better than 〜
「〜がいちばん好き」
like 〜 the best

7 次の日本文を( )内の指示にしたがって，英文になおしなさい。

(1) 読書はテレビを見ることよりもおもしろいです。(動名詞を使って)

_____

(2) 私はトム(Tom)と同じくらい速く走れます。 (can を使って)

_____

7 英作文

(1)「〜よりも」とあるので比較級を使う。
(2)「同じくらい」とあるので as 〜 as の表現。

テストに出る！
予想問題

Lesson 6 〜 Useful Expressions 2
Castles and Canyons 〜 買いものの表現

⏱ 30分　　/100点

🎵 **1** 英文を聞いて，内容に合う絵を1つ選び，記号で答えなさい。　　♪ a19 〔3点〕

ア　Riku　Keita　Hiroto
イ　Riku　Hiroto　Keita
ウ　Hiroto　Keita　Riku
エ　Keita　Riku　Hiroto

（　　　）

2 英文と質問を聞いて，答えとして適するものを1つ選び，記号で答えなさい。　　♪ a20

ア　Yuka is.　　　　　　イ　Ayane is.　　　　　　〔3点〕

ウ　Ayane is the oldest.　エ　Miki is taller than Yuka.　　（　　　）

3 次の文が成り立つように，（　）内の語を適する形に変え，必要な語を補いなさい。

ミス注意！(1)　Aya comes to school ＿＿＿＿＿ ＿＿＿＿＿ Bob.　（early）　3点×4〔12点〕

(2)　You run the ＿＿＿＿＿ ＿＿＿＿＿ the class.　（fast）

(3)　Math is ＿＿＿＿＿ ＿＿＿＿＿ than English.　（interesting）

ミス注意！(4)　I like winter ＿＿＿＿＿ ＿＿＿＿＿ summer.　（well）

4 次の日本文に合うように，＿＿に適する語を書きなさい。　　4点×5〔20点〕

よく出る(1)　私は観光より読書の方が好きです。

I ＿＿＿＿＿ reading ＿＿＿＿＿ sightseeing.

(2)　その景観のおかげでその山はとても人気があります。

The mountain is popular ＿＿＿＿＿ ＿＿＿＿＿ its scenery.

(3)　私は職場体験に興味があります。

I ＿＿＿＿＿ ＿＿＿＿＿ ＿＿＿＿＿ work experience.

(4)　その問題は少し難しいかもしれないです。

The question ＿＿＿＿＿ be a little difficult.

(5)　この建物はどのくらいの高さですか。

＿＿＿＿＿ ＿＿＿＿＿ is this building?

5 次の対話が成り立つように，＿＿に適する語を書きなさい。　　5点×2〔10点〕

(1)　Which do you like better, coffee or tea?

— I like tea ＿＿＿＿＿ ＿＿＿＿＿ coffee.

ミス注意！(2)　What is ＿＿＿＿＿ ＿＿＿＿＿ difficult ＿＿＿＿＿ all subjects?

— Japanese is ＿＿＿＿＿ ＿＿＿＿＿ difficult to me.

6 次の英文を読んで，あとの問いに答えなさい。　　〔計 22点〕

> There are many interesting places to visit in the U.S. ①Let me tell you about Arizona because I am from there. The Grand Canyon National Park is a World Heritage Site in the U.S. It's really huge. You can see many kinds of animals there, ②(　　　　)(　　　　) bobcats, squirrels and bears.
> ③Antelope Canyon is (amazing) the Grand Canyon. It's especially popular (　④　) photographers. People enjoy the fascinating sights. Look at this picture. (　⑤　) a beam of light, this place looks ⑥(　　　　)(　　　　) mysterious.

(1) 下線部①を日本語になおしなさい。　　〈5点〉

(　　　　　　　　　　　　　　　　　　　　　　　　　　　　　　　　　　　　)

(2) 下線部②に入る「〜のような」を表す 2 語を書きなさい。　　〈4点〉

_____　_____

(3) 下線部③が「アンテロープ・キャニオンはグランド・キャニオンと同じくらい見事です」
　　という意味になるように，(　)内の語を適する表現にして全文を書きなさい。　　〈5点〉

_____

(4) ④，⑤の(　)に適する語をア〜エから選び，記号で答えなさい。　　2点×2〈4点〉

　　ア　with　　イ　among　　ウ　to　　エ　than　　　　④(　　)　⑤(　　)

(5) 下線部⑥に入る，「いっそう」を表す 2 語を書きなさい。　　〈4点〉

_____　_____

7 〔　〕内の語句を並べかえて，日本文に合う英文を書きなさい。　　5点×3〔15点〕

(1) 彼は家族の中でいちばん背が高いです。　〔 tallest / family / he / the / in / is / his 〕.

_____.

(2) 日本でいちばん人気があるスポーツは何ですか。
　　〔 what / popular / Japan / is / sport / the / most / in 〕?

_____?

(3) 私は姉と同じくらい忙しいです。　〔 I / busy / as / my / am / sister / as 〕.

_____.

8 次の日本文を英文になおしなさい。　　5点×3〔15点〕

(1) 彼はクラスのすべての生徒の中でいちばん早く走れます。

_____

(2) あなたは何のスポーツがいちばん好きですか。

_____

(3) ((2)に答えて)サッカーがいちばん好きです。

_____

The Gift of Giving 〜 行ってみたい名所を紹介しよう！

テストに出る！ ココが要点＆チェック！

受け身〈be 動詞＋動詞の過去分詞形〉

教 p.78〜p.83

1 受け身の文

→★(1)(2)

主語が「〜される[された]」は〈be 動詞＋動詞の過去分詞形〉で表し，この形を受け身の文と言う。

be 動詞は，「〜される」は is または are，「〜された」は was または were を使う。

| ふつうの文 | They printed this card in 1843. | 彼らはこのカードを1843年に印刷しました。 |

〈be＋動詞の過去分詞形〉にする

| 受け身の文 | This card was printed in 1843. | このカードは1843年に印刷されました。 |

元の文の目的語を主語にする ／ be 動詞の形を主語と時制に合わせる

| ふつうの文 | Henry Cole sent this card. | ヘンリー・コールがこのカードを送りました。 |

| 受け身の文 | This card was sent by Henry Cole. | このカードはヘンリー・コールによって送られました。 |

元の文の主語を by 〜（〜によって）で言いかえる

動詞の過去分詞形

●規則動詞：語尾に(e)d をつける(過去形と同じ)

（原形） － （過去形） － （過去分詞形）

visit	–	visited	–	visited
carry	–	carried	–	carried
use	–	used	–	used
stop	–	stopped	–	stopped

●不規則動詞：不規則に変化する(4パターン)

（原形） － （過去形） － （過去分詞形）

A-A-A 型	cut	–	cut	–	cut
A-B-A 型	run	–	ran	–	run
A-B-B 型	make	–	made	–	made
A-B-C 型	see	–	saw	–	seen

2 受け身の疑問文

→★(3)(4)

受け身の疑問文は，〈be 動詞＋主語＋動詞の過去分詞形 〜?〉の語順のように be 動詞を主語の前に出す。疑問詞を使った疑問文では，疑問詞を文頭に置く。

| 肯定文 | This photo was taken in Osaka. | この写真は大阪で撮られたものです。 |

be 動詞を主語の前に出す

| 疑問文 | Was this photo taken in Osaka? | この写真は大阪で撮られたものですか。 |

| | — Yes, it was. / No, it wasn't. | はい，そうです。／いいえ，ちがいます。 |

| 肯定文 | This photo was taken in Osaka. | この写真は大阪で撮られたものです。 |

疑問詞にして文頭に出す

| 疑問文 | Where was this photo taken? | この写真はどこで撮られたものですか。 |

3 助動詞を使った受け身の文　→★(5)(6)

「〜されるべきだ」「〜されることができる」「〜されるだろう」を表すときは，受け身の文に助動詞を入れて〈助動詞(should, can, will) ＋ be ＋動詞の過去分詞形〉の形で表す。

受け身の文 Money ⬜ is spent wisely.　お金は賢く使われます。

↑ 助動詞を主語と be 動詞の間に入れる

助動詞付き Money **should** **be** spent wisely.　お金は賢く使われるべきです。

└ be 動詞は原形

┌─────── 〈助動詞＋be＋動詞の過去分詞形〉の組み合わせ ───────┐

〈**can** be＋動詞の過去分詞形〉「〜されることができる」
My house **can be seen** from our school.　私たちの学校から私の家が見えます。
〈**will** be＋動詞の過去分詞形〉「〜されるだろう」
The new movie **will be made** in this town.　その新しい映画はこの町でつくられるでしょう。

└──┘

重要表現　教 p.78〜p.83

4 よく使われる重要な表現を覚えよう。　→★(7)(8)

We should help **each other**.　　私たちはお互いに助け合うべきです。
　　　　　　　└ each other「お互いに」

The charity event is held **all over the world** now.
　　　　　　　　　　　　　　└ all over the world「世界中で」
　　　　　　　現在，チャリティー・イベントは世界中で行われています。

He can speak **not only** English **but** Chinese.　彼は英語だけでなく中国語も話せます。
　　　　　　└──────── not only A but (also) B「A だけでなく B も」

A lot of money is collected to help people **in need**.
　　　　　　　in need「必要としている」┘
　　　　　　　必要としている人たちを助けるために多くのお金が集められます。

- -

☆チェック!　( )内から適する語句を選びなさい。

1
- [ ] (1) The book (wrote / is written) in English.　その本は英語で書かれています。
- [ ] (2) Telephone (made / was made) by Bell.　電話はベルによってつくられました。

2
- [ ] (3) Is this pen (make / made) in Japan?　このペンは日本製ですか。
- [ ] (4) (Who was / Where was) this photo taken?　この写真はどこで撮られましたか。

3
- [ ] (5) The dog (trained / will be trained) as a guide dog.
　　　　　そのイヌは盲導犬として訓練されるでしょう。
- [ ] (6) The room (should be kept / keep) clean.　その部屋は清潔に保たれるべきです。

4
- [ ] (7) We helped (us / each other) to do the job.　私たちはその仕事をするため互いに助け合いました。
- [ ] (8) He is famous (in world / all over the world).　彼は世界中で有名です。

テスト対策問題

テスト対策☀ナビ

リスニング

♪a21

1 (1)と(2)の対話と質問を聞いて，答えとして適するものを1つ選び，記号で答えなさい。

(1) ア　Yes, it was.　　イ　No. It was made by his mother.

　　ウ　No. It was made by Hana's mother.　　　　　　　　（　　）

(2) ア　Aki did.　　イ　Kevin did.　　ウ　Kevin's brother did.　　（　　）

---

2 (1)〜(6)は単語の意味を書きなさい。(7)〜(10)は日本語を英語にしなさい。

(1) deliver　（　　　　　）　(2) fee　　　（　　　　　）

(3) collect　（　　　　　）　(4) disaster　（　　　　　）

(5) occur　　（　　　　　）　(6) result　　（　　　　　）

(7) 〜を印刷する _____　(8) 〜を支援する _____

(9) 実験　　　_____　(10) 〜を寄付する _____

2 重要単語

よく出る単語の意味を覚えよう。

---

3 次の日本文に合うように，____に適する語を書きなさい。

(1) 私はこの都市の中心部に住んでいます。

I live _____ _____ _____

_____ this city.

(2) ハロウィーンは10月の終わりに催されます。

Halloween is held _____ _____

_____ _____ October.

(3) 必要としている人たちを助けましょう。

Let's help people _____ _____.

(4) このくだものは一年中食べることができます。

This fruit can be eaten _____ the _____.

(5) 私たちは毎日お互いにメッセージを送り合っています。

We send messages _____ _____ every day.

3 重要表現

おぼえよう！

「〜の中央に」
in the middle of 〜
「〜の終わりに」
at the end of 〜
「必要としている」
in need
「〜の間中ずっと」
throughout 〜
「お互いに」
each other

4 受け身

ポイント

受け身の文の形
・〈be 動詞＋動詞の過去分詞形〉
・be 動詞は文の主語と時制に合わせる。

よく出る 4 次の文をほぼ同じ内容の文に書きかえなさい。

(1) He wrote this letter.

This letter _____ _____ him.

(2) She sent these messages.

These messages _____ _____ her.

(3) John broke the window.

The window _____ _____ by _____.

(4) They speak English there.

English _____ _____ _____.

(1) write の過去分詞形は written。

(2) send の過去分詞形は過去形と同じ。

(3) break の過去分詞形は broken。

(4) speak の過去分詞形は spoken。

---

p.47 答　(1) is written　(2) was made　(3) made　(4) Where was　(5) will be trained　(6) should be kept
(7) each other　(8) all over the world

5 次の対話文を読んで，あとの問いに答えなさい。

> *Ms.King:* Look! ① <u>This is something very old.</u>
> *Kenta:* Uh, is it a Christmas card?
> *Ms.King:* Yes. ② <u>This card (print) in 1843.</u> Can you read the name here?
> *Kenta:* I can't!
> *Ms.King:* "Henry Cole." ③ <u>This card was sent by Henry Cole.</u>
> *Bob:* And ④ 〔 John / sent / it / friend / to / his / was 〕.

(1) 下線部①を日本語になおしなさい。

(　　　　　　　　　　　　　　　　　　　　　　　　　　　)

(2) 下線部②が「このカードは 1843 年に印刷されました」という意味になるように，(　) 内の語を適切な形にして全文を書きなさい。

――――――――――――――――――――――――――

(3) 下線部③を Henry Cole を主語にした文に書きかえなさい。

――――――――――――――――――――――――――

(4) 下線部④が，「それは彼の友人のジョンに送られました」という意味になるよう，〔　〕内の語を並べかえなさい。

―――――――――――――――――――――――――― .

(1)後ろの形容詞が something を修飾している。
(2)(4)受け身の文は〈be 動詞＋動詞の過去分詞形〉を使う。
(3)be 動詞が過去形 was になっているので，書きかえた文の動詞を過去形にする。

6 次の文を (　) 内の指示にしたがって書きかえなさい。

(1) They hold the festival in autumn.　(受け身の文に)

――――――――――――――――――――――――――

(2) This vegetable was eaten by the rabbit.　(疑問文に)

――――――――――――――――――――――――――

(3) They will build their house next year.　(受け身の文に)

――――――――――――――――――――――――――

(4) This book is read <u>in many countries</u>.(下線部をたずねる文に)

――――――――――――――――――――――――――

(5) This letter was written <u>in the U.K.</u>　(下線部をたずねる文に)

――――――――――――――――――――――――――

おぼえよう！

不規則動詞の活用
hold – held – held
eat – ate – eaten
build – built – built
read – read – read
write – wrote – written

ポイント

助動詞を使った受け身の文の形
〈助動詞＋be＋動詞の過去分詞形〉

7 次の日本文を英文になおしなさい。

(1) 英語はアメリカだけでなくオーストラリアでも話されています。

――――――――――――――――――――――――――

(2) その質問は今，回答されるべきです。

――――――――――――――――――――――――――

(1)「〜だけでなく…も」は not only 〜 but (also) …。
(2)「回答する」は answer。

Lesson 7 〜 Project 2
The Gift of Giving 〜 行ってみたい名所を紹介しよう！

⏱ 30分

/100点

1 対話と質問を聞いて，答えとして適する絵を1つ選び，記号で答えなさい。 ♪ a22 〔3点〕

（　　　）

2 対話と質問を聞いて，答えとして適するものを1つ選び，記号で答えなさい。 ♪ a23

　ア　At Japanese restaurants.　　イ　At school.　　〔3点〕
　ウ　At convenience stores.　　エ　At John's home.　　（　　　）

よく出る **3** 次の文が成り立つように，（　）内から適する語を選びなさい。 3点×3〔9点〕

(1)　Curry is (eat / ate / eaten) all over the world.

(2)　In Australia, Christmas is (hold / holding / held) in summer.

ミス注意 (3)　Some old temples were (build / built / building) almost 1,500 years ago.

4 次の日本文に合うように，＿＿に適する語を書きなさい。 5点×4〔20点〕

(1)　私たちはお互いに助け合って仕事を終えました。

　　We helped ＿＿＿＿＿＿ ＿＿＿＿＿＿ to finish our work.

(2)　彼はチャリティー・イベントにそのお金を使いました。

　　He ＿＿＿＿＿ the money ＿＿＿＿＿ the charity event.

(3)　そのカードの中央にたくさんの花が描かれています。

　　A lot of flowers are painted ＿＿＿＿＿ ＿＿＿＿＿ ＿＿＿＿＿
　　＿＿＿＿＿ the card.

(4)　私の誕生日は7月の終わりです。

　　My birthday is ＿＿＿＿＿ ＿＿＿＿＿ ＿＿＿＿＿ ＿＿＿＿＿ July.

よく出る **5** 次の文を（　）内の指示にしたがって書きかえなさい。 5点×3〔15点〕

(1)　Aki should read the book. （受け身の文に）

＿＿＿＿＿＿＿＿＿＿＿＿＿＿＿＿＿＿＿＿＿＿＿＿＿＿＿＿＿

やや難 (2)　Math and English are studied by Yumi every day. （Yumi を主語にしてほぼ同じ内容の文に）

＿＿＿＿＿＿＿＿＿＿＿＿＿＿＿＿＿＿＿＿＿＿＿＿＿＿＿＿＿

(3)　These pictures were taken in Okinawa. （下線部をたずねる文に）

＿＿＿＿＿＿＿＿＿＿＿＿＿＿＿＿＿＿＿＿＿＿＿＿＿＿＿＿＿

6 次の対話文を読んで，あとの問いに答えなさい。　〔計20点〕

> *Aya:* It's the Santa Run. People wear Santa costumes and run.
> *Bob:* ①〔 it / for / is / what 〕?
> *Aya:* ②It's a charity event to support children in hospitals. Gifts are ③(buy) with the participation fees.
> *Bob:* ④Are the gifts delivered by the runners?
> *Aya:* (　⑤　). It's ⑥(hold) all over the world now.
> *Bob:* Where was this event ⑥(hold) first? In Osaka?
> *Aya:* It was started in the U.K.

(1) 下線部①が「それは何のためですか。」という意味になるように，〔　〕内の語を並べかえなさい。　〈4点〉

_____ ?

(2) 下線部②を It が指すものを明らかにして日本語になおしなさい。　〈4点〉

(　　　　　　　　　　　　　　　　　　　　　　　　　　　）

(3) ③と⑥の（　）内の語を適する形になおしなさい。　2点×2〈4点〉

③ _____　⑥ _____

(4) 下線部④を the runners を主語にした疑問文にしなさい。　〈4点〉

_____

(5) ⑤の（　）内に「まさにそのとおりです」という意味の1語を書きなさい。　〈4点〉

_____

7 〔　〕内の語句を並べかえて，日本文に合う英文を書きなさい。　5点×3〔15点〕

(1) その祭りはいつ開催されますか。　〔 the festival / when / held / is 〕?

_____ ?

(2) ここから1本の大きな木が見えます。

〔 from / a big tree / be / can / seen / here 〕.

_____ .

(3) その野菜はアメリカから輸入されます。

〔 imported / from / America / the vegetable / is 〕.

_____ .

8 次の日本文を（　）内の語を使って，英文になおしなさい。　5点×3〔15点〕

(1) その新しいコンピュータは将来多くの人たちによって使われるでしょう。　(wii, many)

_____

(2) 必要としている人たちに多くのお金が寄付されました。　(lot, in)

_____

Reading 2

Stone Soup

テストに出る！ **ココが要点＆チェック！**

「(人)に(もの)を〜する」の表現

 教 p.90〜p.94

1 〈bring＋人＋もの〉　→★(1)

「(人)に(もの)を持ってくる」は〈bring＋人＋もの〉の語順で表現する。「人」「もの」は bring の目的語。このような目的語を2つとる動詞にはほかに give, send, tell, show などがある。

Villagers brought <u>the soldiers</u> <u>some carrots and cabbages.</u>
目的語1(人)　　　　　目的語2(もの)

村人たちは兵士たちにニンジンとキャベツを持ってきました。

---
to[for]を使った文の書きかえ

〈bring＋人＋もの〉　→　〈bring＋もの＋to[for]＋人〉
She **brought** me some flowers. → She **brought** some flowers to[for] me.
彼女は私に花を持ってきてくれました。

重要表現

教 p.90〜p.94

2 よく使われる重要な表現を覚えよう。　→★(2)(3)(4)

The soldiers stopped at **one** house **after another.** 兵士たちは次々と家に立ち寄りました。
└─one 〜 after another「〜を次々に」

We **don't** have **any** food.　　　　私たちは食べものが少しもありません。
└────not any 〜「少しも[1つも]〜ない」

＝We have **no** food.　　　　私たちには食べものがありません。

The soldiers **filled** a very large pot **with** water.
└─fill 〜 with ...「〜を…で満たす」　兵士たちはとても大きな容器を水でいっぱいにしました。

☆チェック！　( )内から適する語を選びなさい。

1 □ (1) Bring (me / to me) the best drink.　いちばん良い飲みものを持って来なさい。

□ (2) The teacher asked us one question after (others / another).
　　　　教師は私たちに次々と質問をしました。

2 □ (3) I don't have (some / any) books to read.　私には読む本が一冊もありません。

□ (4) They filled the big pot (by / with) water.　彼らはその大きな容器を水で満たしました。

　☆チェック！の答えは次ページ

テスト対策問題

1 (1)～(4)は単語の意味を書きなさい。(5)～(6)は日本語を英語にしなさい。

(1) war　　（　　　　　　） (2) large　　（　　　　　　）

(3) salt　　（　　　　　　） (4) midnight（　　　　　　）

(5) 兵士　　＿＿＿＿＿＿ (6) 村人　　＿＿＿＿＿＿

2 次の日本文に合うように，＿＿に適する語を書きなさい。

(1) 帰る途中でイヌを見つけました。

I found a dog ＿＿＿＿ ＿＿＿＿ ＿＿＿＿.

(2) 私は昆虫が怖いです。

I am ＿＿＿＿ ＿＿＿＿ insects.

(3) そして次に彼はお茶を求めました。

And then he ＿＿＿＿ ＿＿＿＿ some tea.

(4) 何台か車はありますか。　――もちろんありますよ！

Are there any cars? ―― ＿＿＿＿ there ＿＿＿＿!

2 **3** 重要表現
2(4)「～はありますか」
は Is[Are] there ～?

おぼえよう！

「帰る途中で」
on one's way home
「～を恐れる」
be afraid of ～
「～を求める」
ask for ～
「～を…で満たす」
fill ～ with ...
「叫ぶ，声をかける」
call out
「すぐに」
right away

3 次の文の＿＿に入る語を▢の中から選びなさい。

(1) She walked ＿＿＿＿ the room.

(2) She filled the glass ＿＿＿＿ water.

(3) The man called ＿＿＿＿, "Fire!"

(4) You should do it right ＿＿＿＿.

with
into
out
away

4 比較 /〈bring＋人
＋もの〉

ミス注意！

・good と well の活用
good, well(原級)-
better(比較級)-
best(最上級)
・比較的長いつづりの
比較級には more,
最上級には most を
つける。

4 次の文を（ ）内の指示にしたがって書きかえなさい。

ミス注意!(1) The dish will taste good. （下線部を比較級に）

＿＿＿＿＿＿＿＿＿＿＿＿＿＿＿＿＿＿

ミス注意!(2) He made the wonderful soup.

（下線部を「いちばんすばらしい」の意味に）

＿＿＿＿＿＿＿＿＿＿＿＿＿＿＿＿＿＿

(3) He brought some vegetables to her. (to を使わず同じ意味に)

＿＿＿＿＿＿＿＿＿＿＿＿＿＿＿＿＿＿

5 次の日本文を英文になおしなさい。

(1) 生徒たちはお互いを見ました。

＿＿＿＿＿＿＿＿＿＿＿＿＿＿＿＿＿＿

(2) 私たちは次から次へと本を読みました。

＿＿＿＿＿＿＿＿＿＿＿＿＿＿＿＿＿＿

テストに出る！
予想問題

Reading 2
Stone Soup

⏱ 30分

／100点

🎵 **1** 英文と質問を聞いて，答えとして適する絵を１つ選び，記号で答えなさい。 ♪ a24 〔5点〕

ア　　　　イ　　　　ウ　　　　エ

（　　　）

🎵 **2** 対話と質問を聞いて，答えとして適するものを１つ選び，記号で答えなさい。 ♪ a25

ア　Some onions.　　　イ　Some carrots.　　〔5点〕
ウ　Some potatoes.　　エ　Curry and rice.　　（　　　）

3 次の英文が成り立つように，＿＿に入る語を▢の中から選びなさい。ただし，▢内の語は１度のみ使用できるものとします。 3点×6〔18点〕

(1) He filled the bottle ＿＿＿＿＿＿ water.

(2) Then he heated it ＿＿＿＿＿＿.

(3) He put some milk ＿＿＿＿＿＿ tea.

(4) He asked ＿＿＿＿＿＿ some cakes with his tea.

(5) They looked ＿＿＿＿＿＿ each other.

(6) They sang songs ＿＿＿＿＿＿ midnight.

up	into
with	for
at	until

4 (A)と(B)の＿＿に共通して入る語を書きなさい。 3点×2〔6点〕

(1) (A) I want to have dinner ＿＿＿＿＿＿ you.

　　(B) It will taste better ＿＿＿＿＿＿ some vegetables.

(2) (A) The girls came ＿＿＿＿＿＿ from the house.

　　(B) They called ＿＿＿＿＿＿, "Wonderful!"

5 次の日本文に合うように，＿＿に適する語を書きなさい。 4点×4〔16点〕

(1) まず，大きな石が必要です。

　　＿＿＿＿＿＿ we will need a big stone.

(2) すぐに彼らはここに来るでしょう。

　　＿＿＿＿＿＿ they will come here.

(3) もちろん，私はとてもおなかがすいています。

　　＿＿＿＿＿＿ ＿＿＿＿＿＿ I'm very hungry.

(4) ついに夕食ができあがりました。

　　＿＿＿＿＿＿ the dinner was ready.

6 次の物語の一節を読んで，あとの問いに答えなさい。　　　　　　　〔計30点〕

　　Three soldiers walked (　①　) a village. They were on their way home (　②　) the wars. They were tired and very hungry, but the villagers were afraid (　③　) strangers.

　　The villagers said, "Soldiers are always hungry. We have little enough (　④　) ourselves." They hid all their food.

　　⑤The soldiers stopped at one house after another and asked for food, but ⑥the villagers' answer was always the same. They all said, "We don't have any food."

　　⑦[talked / the / togerher / soldiers / three]. Then a soldier called out, "Good people! You have no food. Well then, we'll just make stone soup." The villagers all looked at the soldiers. "Stone soup?"

(1)　①〜④の(　)に適する語をア〜エから選び，記号で答えなさい。　　3点×4〈12点〉

　　　ア　for　　イ　from　　ウ　into　　エ　of

　　　　　　　　　　　　　①(　　　) ②(　　　) ③(　　　) ④(　　　)

(2)　下線部⑤を日本語になおしなさい。　　　　　　　　　　　　　　　〈6点〉

　　(　　　　　　　　　　　　　　　　　　　　　　　　　　　　　　　)

(3)　下線部⑥の具体的な内容を文中から抜き出しなさい。　　　　　　　〈6点〉

　　_____

(4)　下線部⑦が「3人の兵士はいっしょに話し合いました」という意味になるように，〔　〕内の語を並べかえなさい。　　　　　　　　　　　　　〈6点〉

　　_____.

7 〔　〕内の語句を並べかえて，日本文に合う英文を書きなさい。　　5点×2〔10点〕

(1)　彼は私のところに本を何冊か持ってきました。 〔 brought / he / me / books / some 〕.

　　_____.

(2)　彼らは帰る途中で新しい店を見つけました。

　　〔 they / on / a / found / their / new shop / home / way 〕.

　　_____.

8 次の日本文を(　)内の語を使って，英文になおしなさい。　　5点×2〔10点〕

(1)　そのピザはとてもおいしいです。　 (taste)

　　_____

(2)　これらの野菜がおいしいスープをつくります。　 (good)

　　_____

Lesson 8

Rakugo in English

間接疑問

 教 p.96〜p.99

1 〈疑問詞＋主語＋動詞〉を含む間接疑問

⮕ ★ (1)(2)

疑問詞で始まる疑問文を別の文に入れると〈疑問詞＋主語＋動詞〉の語順となり，このまとまりが動詞の目的語の働きをする（間接疑問）。疑問詞が主語の疑問文は〈疑問詞＋動詞〉の語順で入れる。

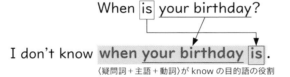

When is your birthday?　　あなたの誕生日はいつですか。

間接疑問文　I don't know when your birthday is.　　あなたの誕生日がいつか知りません。
〈疑問詞＋主語＋動詞〉が know の目的語の役割

Who wrote this letter?　　だれがこの手紙を書きましたか。
疑問詞＝主語　　　　語順は変わらない

間接疑問文　I know who wrote this letter.　　だれがこの手紙を書いたのか知っています。
〈疑問詞＋動詞〉が know の目的語の役割

〈疑問詞＋主語＋動詞〉を目的語として使う動詞

know「（〜を）知っている」　wonder「〜だろうかと思う」　remember「を思い出す」
ask「〜にたずねる，頼む」　tell「〜に話す」　　　　　say「〜と［を］言う」　　など

2 〈動詞＋人＋how[what] 〜〉

⮕ ★ (3)(4)

〈動詞＋人＋how[what など] 〜〉の形で「（人）にどのくらい［何が］〜なのかを…する」を表す。
動詞には tell，ask などの目的語を 2 つとれる動詞が使われる。

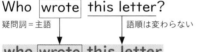

How difficult was the test?　　そのテストはどのくらい難しかったですか。

Kenta told me how difficult the test was.　　〈主語＋動詞〉の語順に
　　　　　　目的語1(人)　　　目的語2(how 以下)

ケンタはそのテストがどのくらい難しかったか教えてくれました。

いろいろな間接疑問の形

・〈疑問詞＋主語＋動詞〉
・〈疑問詞（＝主語）＋動詞〉
・〈疑問詞（how, what など）... 主語＋動詞〉

感嘆文

3 感嘆文

➡★(5)(6)

驚きや喜びなどを感情をこめて伝えるとき、〈What＋(a[an]＋)形容詞＋名詞！〉「なんて～な…だ！」、〈How＋形容詞！〉「なんて～なんだ！」のような文で表す。この文を感嘆文と言う。

〈a[an]＋形容詞＋名詞〉

It is an easy job.   それは簡単な仕事です。

↓ What を文頭に置き、最後に「！」を置く。主語と動詞は省略可

What an easy job!   なんて簡単な仕事なんでしょう！

形容詞

It is nice.   それはすてきです。

↓ How を文頭に置き、最後に「！」を置く。主語と動詞は省略可

How nice!   なんてすてきなんでしょう！

重要表現

4 よく使われる重要な表現を覚えよう。

➡★(7)(8)(9)

I **wonder** how many countries he visited.   彼はいくつの国を訪れたのだろうかと思います。
└─ I wonder ～「～だろうかと思う」

I didn't know how much you **are into** rakugo!
    be into ～「～にはまっている」─┘ 私はあなたがそんなに落語にはまっているとは知らなかったです！

Put on this tiger suit and go into the tiger cage.
└─put on ～「～を着る」
       このトラのスーツを着て、トラのおりに入りなさい。

I only have to **walk around** in the cage?   私はおりの中を歩き回らないといけないだけですか。
└─walk around「歩き回る」

☆チェック！　( )内から適する語句を選びなさい。

1
- [ ] (1) I don't know where (am I / I am).   私はどこにいるのかわかりません。
- [ ] (2) He knows who (is she / she is).   彼は彼女がだれか知っています。

2
- [ ] (3) Show us how (we can / can we) do it.   私たちにそれをどうやるか見せて。
- [ ] (4) He'll tell us who (she is / is she).   彼は私たちに彼女がだれか話すでしょう。

3
- [ ] (5) What (a nice / nice) book!   なんてすてきな本なのでしょう！
- [ ] (6) How (difficult / is difficult)!   なんて難しいのでしょう！

4
- [ ] (7) I (knows / wonder) what it is.   それは何なんだろうと思います。
- [ ] (8) She put (on / in) a hat.   彼女は帽子をかぶりました。
- [ ] (9) They are (into / in) the comedian.   彼らはそのコメディアンにはまっています。

☆チェック！ の答えは次ページ ➡ **57**

テスト対策問題

テスト対策★ナビ

♪ **リスニング**

♪ a26

1 (1)と(2)の対話と質問を聞いて，答えとして適するものを１つ選び，記号で答えなさい。

(1)　ア　Mako's friend.　　　イ　Mako's sister.
　　ウ　Bob's sister.　　　　　　　　　　　　　　　　（　　　）

(2)　ア　He plays table tennis.　イ　He is from America.
　　ウ　He is from China.　　　　　　　　　　　　（　　　）

2 (1)〜(6)は単語の意味を書きなさい。(7)〜⑽は日本語を英語にしなさい。⑽は与えられた文字で始めること。

(1)　perform　（　　　　　）　(2)　strange　（　　　　　）
(3)　manager　（　　　　　）　(4)　gather　（　　　　　）
(5)　wild　（　　　　　）　　(6)　fight　（　　　　　）
(7)　〜を紹介する ＿＿＿＿＿　(8)　外国の　＿＿＿＿＿
(9)　最近　＿＿＿＿＿　　　　⑽　〜を示す　p＿＿＿＿＿

2 重要単語
よく出る単語の意味を覚えよう。

3 次の日本文に合うように，＿＿に適する語を書きなさい。

(1)　ひとりの女性が部屋に入って来ました。
　　A woman ＿＿＿＿＿ ＿＿＿＿＿ the room.
(2)　私は今，このゲームにはまっています。
　　I ＿＿＿＿＿ ＿＿＿＿＿ this game now.
(3)　彼は何冊の本を持っているのだろうかと思う。
　　I ＿＿＿＿＿＿＿＿＿＿ ＿＿＿＿＿ books he has.
(4)　外に行くときは帽子をかぶりなさい。
　　＿＿＿＿＿ ＿＿＿＿＿ your hat when you go outside.
(5)　お知らせいたします。このあたりにお集まりください。
　　＿＿＿＿＿, ＿＿＿＿＿. Gather around here.
(6)　私は彼女に大きな拍手を送ります。
　　I will give her a ＿＿＿＿＿ ＿＿＿＿＿.

3 重要表現

おぼえよう！

「〜に入ってくる」
come into 〜
「〜にはまっている」
be into 〜
「〜を着る」
put on 〜
「お知らせいたします」
Attention, please.
大きな拍手
big hand

4 間接疑問

4 次の文の（　）内から正しい語句を選び，○で囲みなさい。

(1)　I wonder where (the station is / is the station).

(2)　Do you know when (does the movie start / the movie starts / the movie start does)?

(3)　I know who (did built / built) the house.

(4)　She knows who (that woman is / is that woman).

ポイント

動詞の目的語として以下の形が使われる。

・〈疑問詞＋主語＋動詞〉
・〈疑問詞（＝主語）＋動詞〉
・〈疑問詞 ... 主語＋動詞〉

p.57 答　(1) I am　(2) she is　(3) we can　(4) she is　(5) a nice　(6) difficult　(7) wonder　(8) on　(9) into

5 次の英文を読んで，あとの問いに答えなさい。

5 本文の理解

①I have some 〔 to tell / about / experiences / very strange / you 〕 today! ②(　　　) (　　　), I performed *rakugo* at a school in New York. I usually perform on a stage, but that school didn't have ③one. People there got me a round, one-legged table, and I had to perform *rakugo* on it. ④I can tell 〔 it / difficult / was / how / you 〕. It was like walking on a tightrope while telling a *rakugo* story.

(1) 下線部①が「今日，私はあなたたちに話すいくつかのとても奇妙な体験があります！」という意味になるように，〔　〕内の語句を並べかえなさい。

I have some _____ today!

(1)about の位置に注意。

(2) 下線部②に入る「ある日」を表す2語を書きなさい。

_____ _____

(3) 下線部③の one が指すものを本文から2語で書きなさい。

_____ _____

(3)前に出てきた単数の名詞からさがす。

(4) 下線部④が「私はあなたたちにそれがどんなに難しかったかお話しできます」という意味になるように，〔　〕内の語句を並べかえなさい。

I can tell _____.

(4)間接疑問の語順は〈疑問詞＋形容詞＋主語＋動詞〉。

6 次の日本文に合うように，____ に適する語を書きなさい。

6 感嘆文

(1) なんてすてきな日なのでしょう！

_____ _____ wonderful day!

(2) なんて難しいのでしょう！ _____ difficultl!

(3) なんておもしろい本でしょう！

_____ _____ interesting book!

> **ポイント**
>
> **感嘆文の語順**
> ・〈What＋(a[an]＋)形容詞＋名詞 !〉
> ・〈How＋形容詞 !〉

7 次の2つの文を1文に書きかえなさい。

(1) Where is the station? I don't know.

_____.

(2) When does he come here? Do you know?

_____?

7 間接疑問文

(1) I don't know で 文を始めて，そのあとは間接疑問の語順に。

(2) Do you know で文を始める。間接疑問では疑問文の中の do や does は使わない。

8 次の日本文を英文になおしなさい。

(1) 彼は何回その本を読んだのだろう。

_____

(2) 彼女は私にその映画がどんなにわくわくしたか話しました。

_____

8 英作文

(1)「何回」は how many times.

(2)「わくわくする」は exciting.

Lesson 8
Rakugo in English

⏱ 30分

/100点

 1 対話と質問を聞いて，答えとして適する絵を1つ選び，記号で答えなさい。 🎵 a27 〔3点〕

ア　　イ　　ウ　　エ

(　　)

 2 対話と質問を聞いて，答えとして適するものを1つ選び，記号で答えなさい。 🎵 a28

ア　She will teach Japanese.　　イ　She likes Japan. 〔3点〕

ウ　She is interested in Japanese.　　エ　She is from Japan.

(　　)

よく出る 3 次の英文が成り立つように，＿＿に入る語を▢の中から選びなさい。 3点×3〔9点〕

(1)　Do you know ＿＿＿＿＿＿ much I love you?

(2)　I wonder ＿＿＿＿＿＿ the restaurant is.

(3)　Tell me ＿＿＿＿＿＿ wrote the letter.

| where |
| how |
| who |

4 次の日本文に合うように，＿＿に適する語を書きなさい。 4点×5〔20点〕

(1)　ある日，彼はそのネコと出会った。

　　＿＿＿＿＿＿＿＿＿＿＿＿＿ he met the cat.

(2)　彼女に大きな拍手をしましょう。

　　Let's ＿＿＿＿＿＿ her a ＿＿＿＿＿＿ ＿＿＿＿＿＿.

(3)　今日は私に特別なお客様を紹介させてください。

　　＿＿＿＿＿ ＿＿＿＿＿＿ ＿＿＿＿＿ our special guest today.

(4)　皆さん，お知らせいたします。

　　＿＿＿＿＿＿, ＿＿＿＿＿＿, everyone.

よく出る 5 次の対話が成り立つように，＿＿に適する語を書きなさい。 3点×5〔15点〕

(1)　Can you tell me ＿＿＿＿＿＿ you saw her?

　　── Yes. I saw her two days ago.

(2)　Do you know ＿＿＿＿＿＿ wrote this book?

　　── Yes. Natsume Soseki did.

(3)　I wonder ＿＿＿＿＿＿ sports he likes.

　　── Oh, he likes soccer.

6 次の対話文を読んで，あとの問いに答えなさい。　　〔計20点〕

> *Hasegawa:* I'm the manager of this zoo.　Recently, our tiger died.　①He was
> (popular) animal here.　So ②〔 I'll / what / do / should / you / tell / you 〕.
> Put (　③　) this tiger suit, go (　④　) the tiger cage, and be a tiger.
> *Man:* Be a tiger?　⑤I only have to walk around in the cage?　⑥(　　　)(　　　)
> (　　　)(　　　)!

(1)　下線部①が「彼はここでいちばん人気のある動物でした」という意味になるように，(　)
内の語を適切な形にして全文を書きなさい。　　〈4点〉

_____

(2)　下線部②が「私はあなたが何をすべきかを伝えましょう」という意味になるように，〔　〕
内の語句を並べかえなさい。　　〈4点〉

_____ .

(3)　③，④の(　)に適する語をア～エから選び，記号で答えなさい　　〈4点〉
　　ア　on　　イ　up　　ウ　into　　エ　by　　　　　③(　　　)　④(　　　)

(4)　下線部⑤を日本語になおしなさい。　　〈4点〉
　　(　　　　　　　　　　　　　　　　　　　　　　　　　　　)

(5)　下線部⑥が「なんて簡単な仕事なのでしょう！」という意味になるように，(　)に適す
る4語を書きなさい。　　〈4点〉

_____ _____ _____ _____ !

7　〔　〕内の語を並べかえて，日本文に合う英文を書きなさい。　　5点×3〔15点〕

(1)　今では，あなたがどんなに将棋に夢中かわかります。
　　Now〔 much / know / are / I / how / you / into 〕*shogi*.
　　Now _____ *shogi*.

(2)　何時か教えてくれますか。　〔 me / tell / time / it / you / is / can / what 〕?
　　_____ ?

(3)　難しいテストがもうすぐあります。
　　〔 difficult / a / there / going / test / be / to / is 〕 soon.
　　_____ soon.

8　次の日本文を(　)内の語を使って英文になおしなさい。　　5点×3〔15点〕

(1)　彼は何をすべきかわかりません。　（should）

_____

(2)　あの山はどのくらい高いのだろうと思います。　（wonder）

_____

Gestures and Sign Language 〜 日本の文化を紹介しよう！

テストに出る！ ココ が 要点 & チェック！

「(人[もの])を〜な気持ちにする」などの表現

 教 p.106〜p.107

1 〈make[call]＋A＋B〉 ➡ ★ (1)(2)

〈make＋人[もの]＋形容詞〉で「(人[もの])を〜な気持ち[状態]にする」、〈call＋人[もの]＋〜(名詞)〉で「(人[もの])を〜と呼ぶ」を表す。〈動詞＋目的語＋補語〉の形で目的語＝補語となっている。

人(目的語)　　　形容詞(補語)
The news made me happy.
me=happy の関係が成り立つ

その知らせは私をうれしい気持ちにしました。

人(目的語)　　　名詞(補語)
My friends call me Kenta.
me=Kenta の関係が成り立つ

友達は私をケンタと呼びます。

> ・〈make＋A＋B〉でよく使われる形容詞
> strong(強い)　　famous(有名な)
> popular(人気のある)　busy(忙しい)

「(人)に〜してと頼む」などの表現

 教 p.108〜p.109

2 〈ask[want]＋人＋to＋動詞の原形〉 ➡ ★ (3)(4)

〈ask＋人＋to＋動詞の原形〉で「(人)に〜してと頼む」、〈want＋人＋to＋動詞の原形〉で「(人)に〜してほしい」を表す。「人」が代名詞のときは目的格(〜を[に])の形にする。

目的語　　　〈to＋動詞の原形〉
Mother asked me to open the door.
to 以下を行う人　　　してほしいこと

母は私にドアを開けてと頼みました。

目的語　　〈to＋動詞の原形〉
I want you to play the piano.
　　　　　　してほしいこと
to 以下を行う人

あなたにピアノを弾いてほしいです。

「(人)が～するのを許す」などの表現
教 p.110～p.111

3 〈let[help]＋人＋動詞の原形〉
→★(5)(6)

〈let＋人＋動詞の原形〉で「(人)が～するのを許す」，〈help＋人＋動詞の原形〉で「(人)が～するのを手伝う」を表す。動詞の前に to が入らないことに注意すること。

目的語(代名詞の場合は目的格に)

Let me talk about my winter vacation. 　　私の冬休みについて話をさせてください。

動詞の原形(to は入らない)

Bob helped me do my English homework.

「私が(英語の宿題を)するのを」の意味になる

ボブは私が英語の宿題をするのを手伝ってくれました。

重要表現
教 p.106～p.111

4 よく使われる重要な表現を覚えよう。
→★(7)(8)

What's new? 　　　　　　　　　　　変わったことはない？

This gesture is similar to "go away."

go away「あっちへ行け」

このジェスチャーは「あっちへ行け」と同じようなものです。

Some gestures have different meanings from country to country.

from country to country「国ごとに」

一部のジェスチャーは、国ごとに異なる意味を持っています。

☆チェック! 　( )内から適する語句を選びなさい。

1
- □ (1) We call it (a V sign / to a V sign). 　　私たちはそれをVサインと呼びます。
- □ (2) The news made (him / his) sad. 　　その知らせは彼を悲しい気持ちにしました。

2
- □ (3) The teacher asked (us / we) to clean the room.
　　先生は私たちにその部屋を掃除するよう頼みました。
- □ (4) My parents want me (go / to go) abroad. 　　両親は私に海外に行ってほしいと思っています。

3
- □ (5) Let me (introduce / to introduce) myself. 　　私に自己紹介させてください。
- □ (6) I helped him (do / did) his homework. 　　私は彼が宿題をするのを手伝いました。

4
- □ (7) Activities are different from school (to / at) school. 　　活動は学校ごとに異なります。
- □ (8) (What's / What) new? 　　変わったことはない？

テスト対策問題

♪ リスニング

♪ a29

1 (1)と(2)の対話と質問を聞いて，答えとして適するものを1つ選び，記号で答えなさい。

(1)　ア　Yes, she did.　　　　イ　No, she didn't.
　　　ウ　She became sick.　　　　　　　　　　（　　　）

(2)　ア　Mary did.　　　　　イ　Kenta's sister did.
　　　ウ　Mary's sister did.　　　　　　　　　　（　　　）

2 (1)〜(6)は単語の意味を書きなさい。(7)〜(10)は日本語を英語にしなさい。(9)は与えられた文字で始めること。

(1)　peace　　（　　　　　）　(2)　insulting　（　　　　　）

(3)　cousin　 （　　　　　）　(4)　wave　　 （　　　　　）

(5)　cultural　（　　　　　）　(6)　myself　　（　　　　　）

(7)　〜を表現する ＿＿＿＿　(8)　地元の　　＿＿＿＿＿＿

(9)　役立つ　　　h＿＿＿＿　(10)　通訳　　　＿＿＿＿＿＿

2 重要単語
よく出る単語の意味を
覚えよう。

3 重要表現

おぼえよう！

「変わったことはない？」
What's new?
「〜と同じような」
similar to 〜
「あっちへ行け」
go away
「(国)ごとに」
from (country) to (country)
「1つは〜でもう1つは…」
One is 〜 and the other is ...

3 次の日本文に合うように，＿＿に適する語を書きなさい。

(1)　変わったことはない？

　　＿＿＿＿＿＿ ＿＿＿＿＿＿？

(2)　彼女のかばんは私のものと似ています。

　　Her bag is ＿＿＿＿＿ ＿＿＿＿＿ mine.

(3)　手をそのように動かすと「あっちへ行け」という意味です。

　　Moving your hand like that means "＿＿＿＿ ＿＿＿＿."

(4)　その行事は国ごとに異なります。

　　The event is different ＿＿＿＿＿ country ＿＿＿＿＿ country.

(5)　私は2匹のイヌを飼っています。一匹は茶色でもう一匹は白です。

　　I have two dogs. ＿＿＿＿＿ is brown and the ＿＿＿＿＿ is white.

4 〈ask[want]＋人＋to＋動詞の原形〉など

ポイント

「(人)に〜してと頼む」
〈**ask**＋人＋**to**＋動詞の原形〉
「(人)に〜してほしい」
〈**want**＋人＋**to**＋動詞の原形〉
「(人)が〜するのを許す」
〈**let**＋人＋動詞の原形〉
「(人)が〜するのを手伝う」
〈**help**＋人＋動詞の原形〉

4 次の(　)内から適する語句を選んで，〇で囲みなさい。

(1)　I want you (tell / to tell / telling) me your story.

(2)　My mother calls (him / he / his) Ken-chan.

(3)　Let me (talk / to talk / talks) about my dream.

(4)　Help me (take / took / taking) these shoes off.

(5)　Can I ask you (opening / to open / open) the window?

(6)　The news makes (us / we / our) sad.

p.63 答　(1) a V sign　(2) him　(3) us　(4) to go　(5) introduce　(6) do　(7) to　(8) What's

5 次の対話文を読んで，あとの問いに答えなさい。

> *Kenta:* Look at this picture. My cousin Yuma ①〔 with / picture / an / email / sent / this / me 〕. He won the final match （ ② ） a local tennis competition. He looks happy. He is making a peace sign.
>
> *Ms. King:* ③（私たちはそれを V サインと呼びます。） But be careful. In my country, making a V sign （ ④ ） this boy （ ⑤ ） the right is an insulting gesture.
>
> *Kenta:* Oh, really? I didn't know ⑥that.

(1)　下線部①が「この写真といっしょに私に E メールを送ってくれました」という意味になるように，〔　〕内の語を並べかえなさい。

My cousin Yuma _____.

(2)　②，④，⑤の（　）に適する語を**ア**〜**エ**から選び，記号で答えなさい。

ア like　**イ** in　**ウ** until　**エ** on

②（　　）　④（　　）　⑤（　　）

(3)　下線部③を英語になおしなさい。

_____

(4)　下線部⑥の that が指す内容を日本語で説明しなさい。

（　　　　　　　　　　　　　　　　　　　　　　　　）

(1)〈sent＋人＋もの〉「(人)に(もの)を送る」の形。

(2)like には「〜のような」の意味がある。

(3)〈call＋人[もの]＋〜〉「(人[もの])を〜と呼ぶ」の形。
(4)前の話の内容を指す that。

6 次の日本文に合うように，____ に適する語を書きなさい。

(1)　私たちはその寺を金閣寺と呼びます。

We _____ the temple Kinkakuji.

(2)　彼女は自分の娘（むすめ）に医者になってほしいと思っています。

She wants her daughter to _____ a doctor.

(3)　その映画はトムを幸せな気持ちにしました。

The movie _____ Tom happy.

(4)　トモコは私に写真を撮（と）ってほしいと思いました。

Tomoko wanted _____ to take a picture.

おぼえよう！

〈動詞＋目的語＋補語〉の形で使われる動詞
call A B
（A を B と呼ぶ）
make A B
（A を B にする）

7 次の日本文を英文になおしなさい。

(1)　彼（かれ）は英語と日本語の違（ちが）いに興味を持つようになりました。

_____

(2)　私の国についてあなたに話させてください。

_____

テストに出る！
予想問題

Lesson 9 〜 Project 3
Gestures and Sign Language 〜 日本の文化を紹介しよう！

30分　/100点

1 スピーチと質問を聞いて，答えとして適するものを1つ選び，記号で答えなさい。♪ a30

ア　New Year's Day.　　イ　*Osechi*.　〔3点〕
ウ　Japan.　　　　　　　エ　Yes, it is.

（　　　）

2 対話を聞いて，最後のせりふに対する応答として適するものを1つ選び，記号で答えなさい。

ア　OK. I can do that.　　イ　I have to clean my room.　♪ a31　〔3点〕
ウ　I don't like the movie.　エ　No, I don't.

（　　　）

3 次の（　）内から適する語句を選んで，〇で囲みなさい。　3点×3〔9点〕

(1) My parents want me (studied / to study / study) abroad.
(2) Let me (show / to show / showing) you the way to the station.
(3) She asked me (teach / to teach / taught) sign languages.

4 次の日本文に合うように，＿＿に適する語を書きなさい。　5点×4〔20点〕

(1) その少年はそこで手を振っていました。
The boy was ＿＿＿＿＿＿ his hand there.
(2) 変わったことはない？
＿＿＿＿＿＿ ＿＿＿＿＿＿ ?
(3) 手話の例を知っていたら，いくつか教えて。
If you know the examples of sign languages, teach me ＿＿＿＿＿.
(4) それは国ごとに異なる意味を持っています。
It has different meanings ＿＿＿＿＿ country ＿＿＿＿＿ country.

5 次の対話が成り立つように，＿＿に適する語を□から選び，必要であれば適する形にして書きなさい。　5点×3〔15点〕

(1) Did you read this book?
— Yes, I did. The story ＿＿＿＿＿ me sad.
(2) What's your dog's name?
— It's Gonzo. But we ＿＿＿＿＿ him Gon.
(3) Let's play outside.
— Sorry, I can't. My mother ＿＿＿＿＿ me to wash the dishes.

call
ask
make
let

6 次の英文を読んで，あとの問いに答えなさい。　〔計20点〕

My mother's friend Ms. Suzuki is a sign language interpreter. One day, she told me about ①differences (　　　) Japanese Sign Language (　　　) American Sign Language. I ②(〜に興味を持つようになった) sign languages and learned ③some myself.

Let me show you an example. ④One is Japanese Sign Language and the other is American Sign Language. ⑤Both mean "thank you."

(1) 下線部①が「日本の手話とアメリカの手話の違い」という意味になるように，（　）に適する語を書きなさい。　_____　_____　〈4点〉

(2) ②の（　）内の日本語を3語の英語にしなさい。

　_____　_____　_____　〈4点〉

(3) 下線部③の some が指すものを本文中の2語で書きなさい。　〈4点〉

　_____　_____

(4) 下線部④を日本語になおしなさい。　〈4点〉

（　　　　　　　　　　　　　　　　　　　　　　　　　　）

(5) 下線部⑤の Both が指すものを英語で2つ書きなさい。　〈4点〉

_____

7 〔　〕内の語句を並べかえて，日本文に合う英文を書きなさい。　5点×3〔15点〕

(1) いくつかの手話は国によって異なります。

Some 〔 sign languages / from / country / different / to / are / country 〕.

Some _____.

(2) マナは私がお皿を洗うのを手伝ってくれました。

〔 helped / dishes / Mana / the / me / wash 〕.

_____.

(3) その違いを知ることはとても大切です。

〔 know / is / to / important / very / differences / the / it 〕.

_____.

8 次の日本文を（　）内の語句を使って英文になおしなさい。　5点×3〔15点〕

(1) お互いに助け合うことは私たちを幸せな気持ちにします。　(helping, makes)

_____

(2) 私は彼女に麺の食べ方をジェスチャーで見せました。　(how to)

_____

(3) 彼女は私に宿題を手伝うように頼みました。　(asked)

_____

The Gift of Tezuka Osamu 〜 Somebody Loves You, Mr. Hatch

テストに出る！ ココが要点&チェック！

関接疑問，have to 〜，don't have to 〜の文　教 p.118〜p.119

1 〈Do you know＋疑問詞＋主語＋動詞？〉　→★(1)

疑問詞で始まる疑問文を別の文に入れると〈疑問詞＋主語＋動詞〉の語順となる（間接疑問）。このまとまりが Do you know で始まる疑問文に続き，動詞の目的語の役割をする。

Do you know **who this lion is**?　　　このライオンがだれか知っていますか。
　　　〈疑問詞＋主語＋動詞〉が know の目的語の役割

2 have to 〜，don't have to 〜の文　→★(2)

〈have[has] to＋動詞の原形〉は「〜しなければならない」を表し，その否定形である〈don't[doesn't] have to＋動詞の原形〉は「〜する必要はない」を表す。

肯定文　The students **had to** have military training.
　　　　　　　　　have to 〜の過去形　　　　生徒たちは軍事訓練をしなければなりませんでした。

否定文　The students **didn't have to** have military training.
　　have to の前に否定形(don't[doesn't, didn't])をつける　　生徒たちは軍事訓練をする必要はありませんでした。
　　※ must not 〜（〜してはいけない）との違いに注意

重要表現　教 p.118〜p.128

3 よく使われる重要な表現を覚えよう。　→★(3)(4)

Tezuka often drew comics at school **as well as** at home.
　　　　　　　　　　　　　　　as well as 〜「〜と同様に」
手塚は家だけでなく学校でもよくマンガを描いていました。

Tezuka **was born** in Osaka in 1928.
　　　　　　be born「生まれる」
手塚は 1928 年に大阪で生まれました。

A heart-shaped box **was filled with** candy.
　　　　　　　　　be filled with「〜でいっぱいである」
ハート型の箱にキャンディがいっぱい入っていました。

I **made a mistake** some time ago.
　　　make a mistake「間違いをする」
私はしばらく前に間違えました。

I'm afraid (that) I delivered it to the wrong address.
　　　I'm afraid that 〜「申し訳ないが〜と思う」
申し訳ありませんが，間違った住所に届けました。

★チェック！　（　）内から適する語句を選びなさい。

1 □ (1) Do you know who (she is / is she)?　　彼女がだれか知っていますか。

2 □ (2) I (hadn't / didn't have to) study yesterday.　昨日は勉強する必要がありませんでした。

3 □ (3) I like kendo (as good as / as well as) judo.　私は柔道だけでなく剣道も好きです。

　　□ (4) Oda Nobunaga (was born / is born) in 1534.　織田信長は 1534 年に生まれました。

テスト対策問題

1 (1)〜(4)は単語の意味を書きなさい。(5)〜(6)は日本語を英語にしなさい。

(1) praise （　　　　　　　） (2) survive （　　　　　　　）

(3) effect （　　　　　　　） (4) supper （　　　　　　　）

(5) 終わる ＿＿＿＿＿＿ (6) 天井 ＿＿＿＿＿＿

1 重要単語
よく出る単語の意味を覚えよう。

2 次の日本文に合うように，＿＿に適する語を書きなさい。

(1) 戦争は 1941 年に突然始まりました。

The war ＿＿＿＿＿＿ ＿＿＿＿＿＿ in 1941.

(2) 彼はもう医者ではありません。

He is ＿＿＿＿＿ a doctor ＿＿＿＿＿.

(3) 彼女は自分の将来を心配しました。

She ＿＿＿＿＿ ＿＿＿＿＿ her future.

(4) その母親は娘を家に連れて帰りました。

The mother ＿＿＿＿＿ her daughter ＿＿＿＿＿ home.

2 3 重要表現 / 前置詞

おぼえよう！

「突然起こる」
break out
「今ではもう〜でない」
not 〜 anymore
「〜のことを心配する」
worry about 〜
「〜を連れて帰る」
bring 〜 back
「〜を夢見る」
dream of 〜
「毎晩」
night after night
「〜歳で」
at the age of 〜
「経過する」
go by

3 次の文の＿＿に入る語を▢の中から選びなさい。

(1) She has a talent ＿＿＿＿＿ music.

(2) He is popular ＿＿＿＿＿ ladies.

(3) She was dreaming ＿＿＿＿＿ becoming a singer.

(4) He produced stories night ＿＿＿＿＿ night.

(5) The festival ended ＿＿＿＿＿ August 30.

(6) She died ＿＿＿＿＿ the age of 35.

(7) We can see his influence ＿＿＿＿＿ today's music.

(8) Many months and years went ＿＿＿＿＿.

after	by	for	of	among	at	in	on

4 次の日本文を英文になおしなさい。

(1) 彼女は人生で初めて決断しました。

＿＿＿＿＿＿＿＿＿＿＿＿＿＿＿＿

(2) 人々は彼を「音楽の父」として賞賛します。

＿＿＿＿＿＿＿＿＿＿＿＿＿＿＿＿

(3) 彼は東京で 1990 年に生まれました。

＿＿＿＿＿＿＿＿＿＿＿＿＿＿＿＿

4 英作文
(1)「決断する」は make a decision。
(2)「〜として」は as。
「〜を賞賛する」は admire。
(3)「生まれる」は be born。

テストに出る！
予想問題

Reading 3 〜 Further Reading
The Gift of Tezuka Osamu 〜 Somebody Loves You, Mr. Hatch

🕐 30分

/100点

1 スピーチを聞いて，内容に合う絵を1つ選び，記号で答えなさい。　♪ a32　〔5点〕

（　　　）

2 対話と質問を聞いて，答えとして適するものを1つ選び，記号で答えなさい。　♪ a33

ア　She saw Kaito and his brother.　　イ　She saw Bill.　〔5点〕

ウ　She saw Kaito and his sister.　　エ　She saw Bill and his sister.　（　　　）

3 次の英文が成り立つように，＿＿に入る語を▭の中から選びなさい。ただし，▭内の語は1度のみ使用できるものとします。　4点×5〔20点〕

(1) Nobody is interested in me ＿＿＿＿＿＿ all.

(2) He had some apple pie ＿＿＿＿＿＿ dessert.

(3) He stepped ＿＿＿＿＿＿ the porch to see outside.

(4) What's wrong ＿＿＿＿＿＿ you?

(5) I finished my homework ＿＿＿＿＿＿ last.

| after | with | at | for | onto |

4 次の日本文に合うように，＿＿に適する語を書きなさい。　4点×5〔20点〕

(1) 私は日本の食べ物で，とりわけすしが好きです。

I like Japanese food, ＿＿＿＿＿＿ ＿＿＿＿＿＿ ＿＿＿＿＿＿ sushi.

(2) アキトは人付き合いをしませんでした。

Akito ＿＿＿＿＿＿ ＿＿＿＿＿＿ ＿＿＿＿＿＿.

(3) マークはこの公園を毎日午後6時ちょうどに訪れました。

Mark visited this park every day at 6 p.m. ＿＿＿＿＿＿.

(4) その少女は毎晩その街に行きました。

The girl went to the town ＿＿＿＿＿＿ ＿＿＿＿＿＿ ＿＿＿＿＿＿.

(5) 彼は家と同様に図書館でも勉強します。

He studies at the library ＿＿＿＿＿＿ ＿＿＿＿＿＿ ＿＿＿＿＿＿ at home.

5 次の英文を読んで，あとの問いに答えなさい。　　　　　　　　　　〔計20点〕

> The war ended (　①　) August 15 that year. Tezuka was happy. He knew he did not have to worry (　②　) the bombs anymore. ③"I can draw as many comics as I like now!" he thought. He wanted to draw comics, but he still had ④his other dream. ⑤(ある日) he asked his mother, "Should I be a doctor or a cartoonist?" She said, "What do you really want to be?" Tezuka answered, "A cartoonist." "Then you should be ⑥one," his mother said to him.

(1) ①，②の（　）に適する語を書きなさい。　　　　　　　　　　　　〈4点〉

①＿＿＿＿＿＿　②＿＿＿＿＿＿

(2) 下線部③を日本語になおしなさい。　　　　　　　　　　　　　　　　〈4点〉

（　　　　　　　　　　　　　　　　　　　　　　　　　　　　　　）

(3) 下線部④は具体的に何を示していますか。日本語で説明しなさい。　〈4点〉

（　　　　　　　　　　　　　　　　　　　）

(4) ⑤の（　）内の日本語を2語の英語になおしなさい。　　　　　　　〈4点〉

＿＿＿＿＿＿　＿＿＿＿＿＿

(5) 下線部⑥が具体的に示しているものを，本文から2語で書き抜きなさい。〈4点〉

＿＿＿＿＿＿　＿＿＿＿＿＿

6 〔　〕内の語を並べかえて，日本文に合う英文を書きなさい。　5点×3〔15点〕

(1) 彼らがだれか知っていますか。

〔 do / who / they / know / you / are 〕?

＿＿＿＿＿＿＿＿＿＿＿＿＿＿＿＿＿＿＿＿＿＿＿＿＿＿＿＿＿＿＿ ?

(2) 両親が私に会うためにぶらっと訪れました。

〔 came / to / my / see / around / parents / me 〕.

＿＿＿＿＿＿＿＿＿＿＿＿＿＿＿＿＿＿＿＿＿＿＿＿＿＿＿＿＿＿＿ .

(3) 彼は彼女のためにそのお店に行くことを申し出ました。

〔 to / offered / for / to / go / the / he / shop / her 〕.

＿＿＿＿＿＿＿＿＿＿＿＿＿＿＿＿＿＿＿＿＿＿＿＿＿＿＿＿＿＿＿ .

7 次の日本文を（　）内の語句を使って，英文になおしなさい。　5点×3〔15点〕

(1) その箱はチョコレートでいっぱいでした。　（filled）

＿＿＿＿＿＿＿＿＿＿＿＿＿＿＿＿＿＿＿＿＿＿＿＿＿＿＿＿＿＿＿

(2) 申し訳ありませんが，私はその手紙を間違った住所に届けました。（afraid）

＿＿＿＿＿＿＿＿＿＿＿＿＿＿＿＿＿＿＿＿＿＿＿＿＿＿＿＿＿＿＿

(3) 彼らはもう，両親を手伝う必要はありませんでした。　（have to）

＿＿＿＿＿＿＿＿＿＿＿＿＿＿＿＿＿＿＿＿＿＿＿＿＿＿＿＿＿＿＿

★A・B・C型

原形	現在形	過去形	過去分詞形	意味
be	am, is / are	was / were	been [bín]	～である
begin	begin(s)	began	begun	(～を)始める
do	do, does	did	done	～をする
drink	drink(s)	drank	drunk	～を飲む
eat	eat(s)	ate	eaten	～を食べる
give	give(s)	gave	given	(～を)与える
go	go(es)	went	gone	行く
know	know(s)	knew	known	(～を)知っている
see	see(s)	saw	seen	見る
sing	sing(s)	sang	sung	(～を)歌う
speak	speak(s)	spoke	spoken	(～を)話す
swim	swim(s)	swam	swum	泳ぐ
take	take(s)	took	taken	～を持っていく
write	write(s)	wrote	written	～を書く

★A・B・B型

原形	現在形	過去形	過去分詞形	意味
bring	bring(s)	brought	brought	～を持ってくる
build	build(s)	built	built	～を組み立てる
buy	buy(s)	bought	bought	～を買う
feel	feel(s)	felt	felt	(～を)感じる
find	find(s)	found	found	～を見つける
get	get(s)	got	got, gotten	～を得る
have	have, has	had	had	～を持っている
hear	hear(s)	heard	heard	耳にする
keep	keep(s)	kept	kept	～を飼う
make	make(s)	made	made	つくる
say	say(s)	said [sed]	said	～と[を]言う
stand	stand(s)	stood	stood	立っている
teach	teach(es)	taught	taught	～を教える
think	think(s)	thought	thought	～と思う

★A・B・A型

原形	現在形	過去形	過去分詞形	意味
become	become(s)	became	become	～になる
come	come(s)	came	come	来る
run	run(s)	ran	run	走る

★A・A・A型

原形	現在形	過去形	過去分詞形	意味
cut	cut(s)	cut	cut	～を切る
read	read(s)	read [réd]	read [réd]	(～を)読む
set	set(s)	set	set	設定する

中間・期末の攻略本

取りはずして
使えます！

解答と解説

教育出版版　ワンワールド　英語2年

Review Lesson

p.3　テスト対策問題

1 (1)旅行　(2)景色　(3)案内人，ガイド
(4)みごとな　(5)second　(6)stone

2 (1)through　(2)the[our] way
(3)famous for

3 (1)is　(2)watch　(3)are　(4)has　(5)be

4 (1)don't have　(2)Is, going to, he isn't

5 (1)教室には5人の生徒がいます。
(2)あきらめてはいけません。
(3)今日の午後，公園に行くつもりはありません。

解説

2 (1)「～を通り抜けて」という意味の前置詞は
through を用いる。
(2)「途中で」は **on the way** で表す。
(3)「～で有名である」は，**be famous for ～**で
表す。be は主語に合わせて形をかえる。

3 (1)(4)ミス注意！ 動詞は主語に合わせて形をか
える必要がある。have は不規則に変化して
has となるので注意が必要。
(3)〈How many＋名詞の複数形＋are there?〉で
「～はいくつありますか」。
(2)(5)ミス注意！ will，must のあとの動詞は必
ず原形になるので注意。

4 (1) have to の否定文は **don't have to** となり，
「～する必要はない」の意味を表す。
(2)答えで Ken は代名詞の he を用いる。

5 (2) must の否定文は，**mustn't[must not]**
となり，「～してはいけない」という意味になる。
(3)「～するつもりはない」は will の否定形 won't
[will not]を用いて表す。

p.4～p.5　予想問題

1 イ

2 イ

3 (1)is　(2)help　(3)has　(4)be

4 (1)Are, are　(2)Are, there aren't
(3)Will, won't

5 (1)like　(2)the[our] way　(3)second
(4)mustn't

6 (1)famous for　(2)must　(3)a haiku
(4)俳句, 郵便ポスト　(5)ほんの冗談だよ。
(6)must

7 (1)You can see these haiku tablets
everywhere
(2)We will enjoy a fantastic view
(3)There are four big islands in

8 (1)How many trees are there in the
[that] park?
(2)You do not[don't] have to finish this
homework today.

解説

1 何のくだものについて話しているかを把握し，
それぞれの数字を正しく聞き取ること。

♪ *A:* I'm hungry.
　B: Oh, there are some bananas and
　　oranges on the table.
　A: How many bananas are there?
　B: There are two. Also, there are three
　　oranges.
　Q: What are on the table?

訳 A：おなかがすいたな。
　B：あら,テーブルにバナナとオレンジがあるよ。
　A：バナナは何本あるの。
　B：2本あるよ。それからオレンジが3つある。
　質問：テーブルの上には何がありますか。

2 母親から言われた「宿題を今日終えること」
という内容を正しく把握するのがポイント。

1

Tomorrow I am going to visit my friend. But my mother said, "You must finish your homework today." This homework is difficult. I can't finish it easily.

Q: What does the girl have to do today?

訳 明日，私は友達を訪ねる予定です。でも母は「あなたは今日,宿題を終わらせなければなりません」と言いました。この宿題は難しいです。簡単に終えることはできません。

質問：女の子は今日，何をしなければなりませんか。

3 (1)**There is[are] ～.** の文では「～」に入る名詞（主語）に応じて be 動詞の形をかえる。この文では a piano と単数なので is となる。

(2)(4) must や will のあとの動詞は原形になる。

(3) have to を用いる場合，主語が 3 人称単数で現在の文であれば has にする。

4 (1) be going to の文を疑問文にするには，be 動詞を主語の前に置く。

(2) ⚡ミス注意! There is[are] ～. の文を疑問文にするには,be 動詞を文の最初に置き,**Is[Are] there ～?** とする。be 動詞の形は「～」に入る名詞（主語）に合わせる。この文では dogs と複数形になっているので Are を用いる。

(3) will not の短縮形は **won't**。

5 (1)「～のように見える」は **look like ～**の形で表す。

(2)「途中で」という表現は **on the way** の形で表現する。the の部分は，our など主語の所有格を用いることもできる。

(4)「～してはいけない」と禁止を表す場合は **must not** を用いる。短縮形は mustn't。

6 (2) **must** と **have to** はともに「～しなければならない」という意味。

(3) it は既出の単数の名詞で人以外のものを指す。この it は直前の a haiku のこと。

(4)ガイドの you have to write a haiku and put it in every day. という発言に驚いている。put ～ in は「～を中に入れる」の意味。it は a haiku を指し，入れる場所は haiku postbox。

(6) **must** には「きっと～に違いない」という意味もある。

7 (2)未来を表すときには will または be going

to を用いる。そのあとには動詞の原形が続く。

(3)「4 つの大きな島」は日本語と同様に four big islands の語順となる。

8 (1)「～はいくつありますか」は **How many ～ are there?**。木は trees と複数形で表すことにも注意。

(2) ⚡ミス注意!「～する必要はない」は do not [don't] have to を用いる。must not[mustn't] は「～してはいけない」という意味になるので注意。

Lesson 1

p.8～p.9 テスト対策問題

1 (1)ア (2)ウ

2 (1)介助犬（かいじょけん） (2)盲導犬（もうどうけん） (3)1,000(の)

(4)しかし（ながら），けれども (5)努力

(6)場合 (7)～を導く (8)**owner**

(9)**message** (10)**need** (11)**man** (12)**notice**

3 (1)**What, for** (2)**What kind**

(3)**another year** (4)**took effort**

(5)**for some** (6)**at work**

4 (1)**gave me some pencils**

(2)**showed his sister this video**

(3)**sent my friend a present**

5 (1)盲導犬 (2)**takes**

(3)多くの目の不自由な人が盲導犬を飼えるようになるでしょう。

(4)私は盲導犬が足りないという問題を多くの人が知らないと思います。

6 (1)**think that** (2)**know, likes**

(3)**sad that** (4)**sorry, late**

(5)**that, sent me**

7 (1)これらのいすは何のためのものですか。

(2)あなたにおもしろい話をしてもいいですか。

(3)私はあなたがこのゲームを気に入ると思います。

✏解説

1 (1)会話のトピックを聞き取ることがポイント。最初に「これはどんな種類のお茶ですか」と質問しているので，正解はア。

♪*A:* What kind of tea is this?

B: It's green tea. I think you will like it. Do you want to try?

A: Yes. I want to try it.

Q: What are they talking about?

訳 A：これはどんな種類のお茶ですか。

B：緑茶です。気に入ると思いますよ。試してみたいですか。

A：はい。試してみたいです。

質問：彼らは何について話していますか。

(2)ティムが彼のお兄さんとお父さんについて言ったことを丁寧に把握していく必要がある。この帽子はお兄さんのお下がりなので，正解はウ。

🎵 *A:* Tim, you have a nice cap. Is it new?

B: No, my brother bought it long ago. But yesterday, my father bought him a new cap. So he gave me this cap.

A: Oh, I see.

Q: How did Tim get his cap?

訳 A：ティム，いい帽子を持っているね。それは新しいの？

B：いや，これはぼくの兄がずっと前に買ったんだ。でも昨日，父が彼に新しい帽子を買ってあげたんだ。だから彼がこの帽子をぼくにくれたんだよ。

A：ああ，なるほど。

質問：ティムはどうやって帽子を手に入れましたか。

3 (1)「～は何のため(のもの)ですか」は **What ～ for?** で表す。

(2)「どんな種類の～」は **What kind of ～?**。

(3)「もう1年」は，another を用い，「別の1年」という言い方で表すことができる。

(4)「(時間・労力)を必要とする」は〈**take＋名詞**〉。

(5)「しばらく」を time を用いて3語で表す場合は **for some time** となる。

(6)「仕事中」は **be at work** という言い方で表せる。

4 ✘ミス注意！「(人)に(もの)を～する」は，〈動詞＋人＋もの〉の語順で表現する。この形を用いる動詞には give，show，send，tell などがある。

5 (1)Why not? は直前の否定文 There aren't enough guide dogs. を受け，その理由をたずねている。

(3)「～できるようになるだろう」と表現する場合，未来を表す助動詞 will と可能を表す助動詞 can は同時に用いることはできないので

will be able to ～という形で表す。

(4) this problem が指すのは冒頭の There aren't enough guide dogs. の部分。

6 (1)「～だと思う」は接続詞 that を用いて，〈**think（that）＋主語＋動詞**〉という形で表す。that は省略が可能。

(2)(4)接続詞 that を省略した形で表す。

(3)「～で悲しい」は I'm sad のあとに〈that＋主語＋動詞〉で表す。接続詞 that は省略が可能。

(5)接続詞 that 以下は「(人)に(もの)を～する」〈動詞＋人＋もの〉となっている。

7 (2)**Can I ～?** は「～してもいいですか」という許可を求める表現。funny は「おもしろい」。

(3)**I think（that）～.** 「～だと思う」の that が省略されている。

p.10 ～ p.11　予想問題

1 ウ

2 イ

3 (1)**told** (2)**sent** (3)**sorry** (4)**know**
(5)**hope**

4 (1)**There, obstacles** (2)**enough, not**
(3)**able, so** (4)**case of**

5 (1)**with** (2)**a dog** (3)**ア** (4)**that**
(5)**イヌ[介助犬]，断られ[拒否され]**
(6)**at work**

6 (1)**What are these umbrellas for**
(2)**Did you show her this album**
(3)**don't think my father knows her**

7 (1)**It takes time and effort.**
(2)**I know（that）you taught Tom Japanese.**

🖋解説

1 何のスポーツについて話しているかを把握し，2人の予定を正しく聞き取ることがポイント。

🎵 *A:* I think baseball is exciting.

B: But soccer is exciting, too. I am going to see a soccer game this Saturday. Do you want to come with me?

A: Oh, yes. That sounds nice!

B: I'm sure you will enjoy the game.

Q: What are they going to do this Saturday?

訳 A：野球にはわくわくさせられると思うの。

B：でもサッカーにもわくわくさせられるよ。

ぼくは今週の土曜日にサッカーの試合を見に行く予定なんだ。君もいっしょに来る？

A：わあ，うん。いいね！

B：きっと試合を楽しめるよ。

質問：今週の土曜日に彼らは何をする予定ですか。

2 it は何のことをさしているかに注意して聞く。

♪ I like playing tennis very much. My parents gave me a new racket last week. I wanted to use it today, but it was rainy. I hope it will be sunny tomorrow.

Q: What did the girl's parents give her?

訳 私はテニスをするのが大好きです。両親が先週，私に新しいラケットをくれました。今日それを使いたかったのですが，雨でした。明日は晴れるといいなと思います。

質問：女の子の両親は彼女に何をあげましたか。

3 (1)(2)「（人）に（もの）を〜する」の語順が〈主語＋動詞＋人＋もの〉であることを確認。この語順となる動詞はここでは told か sent。

(3)I'm sorry のあとに〈that＋主語＋動詞〉を置いて「〜して残念だ」の意味となる。

(4)(5)動詞 know，hope のあとに〈that＋主語＋動詞〉を置き，that 以下が「〜ということ」の意味で目的語の役割をする。that は省略が可能。

4 (1) ✗ミス注意!「〜があります」という表現は **There is[are] 〜.** の形で表す。ここでは some とあるので名詞は複数形にする。

(2)直前の否定文について，その理由を聞く場合は **Why not?** と問う。

(3)未来の可能性を表す場合は **will be able to** で表す。疑問文の場合は，文頭に will が来る。

(4)「〜の場合は」は **in the case of 〜**。

5 (2)it は既出の単数の名詞で人以外のものを指す。直後に his pet という表現があるので動物であることがわかる。

(3)次の文に「男性はそこで昼食をとることができた」と書いてあるので，レストランへの入店を認められたことがわかる。

(4)接続詞の that は省略されるのが一般的。

(5)この文章の中で何が問題であったかをたずねている問題。2文目以降を確認すること。

---

(6)「働いている［仕事中］」の定型表現は at work。

6 (1)「〜は何のため（のもの）ですか」は **What 〜 for?**。

(2)「（人）に（もの）を見せる」は〈show＋人＋もの〉。

(3)接続詞 that を伴う〈**think (that)＋主語＋動詞**〉の否定文は，think の前に否定語を入れる。

7 (1)time「時間」や effort「労力」がかかると言うには，動詞に **take** を用いる。

(2)「〜ということを知っている」は〈**know (that)＋主語＋動詞**〉で表す。

■ポイント■

• 「（人）に（もの）を〜する」は〈動詞＋人＋もの〉。

• **I think that 〜.** などの **that** は後ろに〈主語＋動詞〉を続けて「〜ということ」の意味になる。

Lesson 2 〜 Useful Expressions 1

p.14〜p.15 テスト対策問題

1 ウ

2 (1)〜を修理する　(2)事故

(3)化石燃料　(4)（ある期間）もつ　(5)風

(6)より少なく　(7)kitchen　(8)electricity

(9)pollution　(10)expensive

3 (1)ran into　(2)at all

(3)for sure　(4)such as　(5)In, opinion

(6)up, stairs

4 (1)was running　(2)were playing

(3)rains　(4)was　(5)was cooking

5 (1)昨日，私たちの地域で停電がありました。

(2)What were you doing then

(3)the power plant

6 (1)hours later　(2)Most of

(3)pollute, air

7 (1)were playing　(2)was running

8 (1)When I visited my grandfather, he was walking (with) a[his] dog. / My grandfather was walking (with) a [his] dog when I visited him.

(2)Go down the stairs and turn left.

解説

1 過去に何をしていたのか聞かれているので，過去進行形で答える。

♪ A: Good morning, Alex. I called you last

night. But you were not at home. What were you doing?

B: Sorry, Yuki. When you called me, I was walking my dog in the park.

A: I see.

Q: What was Alex doing last night?

訳 A：おはよう，アレックス。昨夜，あなたに電話したの。でもあなたは家にいなかったわ。何をしていたの。

B：ごめんね，ユキ。ぼくに電話してくれたとき，ぼくは公園でイヌの散歩をしていたよ。

A：そうなのね。

質問：昨夜，アレックスは何をしていましたか。

3 (1) ✗ミス注意! 「～へかけこむ」は **run into** ～で表す。ここでは過去形 ran を使う。

(2)「全然～ない」は **not ～ at all** で表す。

(3)「確実に[な]」は **for sure** で表す。

(4)「～のような」は **such as ～** で表す。

(5)「私の考えでは」は **in my opinion** で表す。

(6)「階段を上がる」は **go up the stairs** で表す。

4 (1)(2)(5)過去進行形は〈**was[were]＋動詞の-ing 形**〉。主語によって was と were を使い分ける。

(3) ✗ミス注意! if は「もし～ならば」（条件）という意味の接続詞。〈if＋主語＋動詞〉の動詞は，未来のことでも現在形を使う。

(4) because は「～なので」（理由）を表す。last Friday なので過去形にする。

5 (1)**There was ～.** で「～がありました」という意味。power outage は「停電」という意味。

(2) what を文頭に置き，過去進行形〈was[were]＋動詞の -ing 形〉の疑問文を続ける。

(3)最後のアヤの発言を参照。

6 (1) three hours later で「3 時間後」。**later** は「あとで」の意味。

(2)**most of ～**で「～のほとんど」という意味。

(3)**pollute** は「汚染する」という動詞。名詞は pollution「汚染」。合わせて覚えよう。

7 (1)現在形の文を過去進行形〈was[were]＋動詞の -ing 形〉の文にかえる。

(2)現在進行形「（今）～しています」の文を過去進行形〈was[were]＋動詞の -ing 形〉の文にかえる。

8 (1)**walk a[his] dog** で「イヌの散歩をする」。

(2)**go down** で「階段を降りる」，**turn left** で「左に曲がる」。

p.16 ～ p.17	予想問題

1 (1)ア　(2)イ

2 (1)**was making**　(2)**were playing**
(3)**were doing**

3 (1)**go straight**　(2)**In, opinion**
(3)**power outage**　(4)**ran into**
(5)**for sure**

4 (1)**Where's**　(2)**what were**　(3)**is, will**

5 (1)私たちは石炭や天然ガスのような化石燃料から電気の大部分を得ています。
(2)**fossil fuels**　(3)**using**
(4)再生可能エネルギー　(5)**such as**

6 (1)He came to my room with a flashlight
(2)Kumi was not afraid at all
(3)By the way, what caused the accident

7 (1)When I came home, my mother was making[cooking] dinner. / My mother was making[cooking] dinner when I came home.

(2)If it is fine[sunny] next Saturday, we will play baseball. / We will play baseball if it is fine[sunny] next Saturday.

(3)We like Mr. Sato because he is kind. / Because Mr. Sato is kind, we like him.

解説

1 (1)疑問文 Where's ～? のあとの答えを聞き取ることがポイント。

♪ *A:* Excuse me. Where's the art room?

B: Go up the stairs and turn left. It's the third room.

A: Thank you.

Q: Where's the art room?

訳 A：すみません。美術室はどこですか。

B：階段を上がって左に曲がってください。3 番目の部屋です。

A：ありがとうございます。

質問：美術室はどこですか。

(2)ケンが昨日，駅で何をしていたかを聞き取ることがポイント。

♪ *A:* Hi, Ken. I saw you at the station

yesterday, but you didn't notice me.

B: Sorry, Sachiko. I was waiting for my mother. Where were you going?

A: I was going to my friend's house.

Q: What was Ken doing at the station yesterday?

訳 A：こんにちは，ケン。昨日あなたを駅で見かけたわ。でもあなたは私に気がついていなかったけど。

B：ごめん，サチコ。ぼくは母を待っているところだったんだ。君はどこに行くところだったの。

A：私は友達の家に行くところだったのよ。

質問：ケンは昨日，駅で何をしていましたか。

2 過去進行形〈was[were]＋動詞の -ing 形〉を使う。主語によって was と were を使い分ける。

3 (1)「まっすぐ進む」は **go straight** で表す。

(2)「私の考えでは」は **in my opinion** で表す。

(3)「停電」は **power outage** で表す。

(4) ミス注意! 「〜にかけこむ」は **run into** 〜で表す。ここでは過去形になることに注意。

(5)「確実に」は **for sure** で表す。

4 (1)場所をたずねるときの表現。**Where's [Where is]** 〜?で「〜はどこですか」という意味。

(2)対話文の答えが過去進行形〈was[were]＋動詞の -ing 形〉の形になっているので，過去進行形の疑問文が入る。

(3) ミス注意! **if** 〜「もし〜ならば」という表現の中では，未来のことでも動詞は現在形を使う。カンマ(,)の後ろは未来のことなら未来形。

5 (1)**like** は「〜のような」の意味。

(2)何が空気や水を汚染するのかを考える。直前の文の中にある「化石燃料」を表す2語が答え。

(3)文頭の now と直前の be 動詞に注意。

(4)直前の文中にある renewable energy を指す。

(5)「〜のような」を表す **such as** 〜 は覚えておきたい表現。

6 (1)「〜を持って」の意味を表す with に注意。

(2)**not** 〜 **at all** は「全然〜ない」。

(3)「ところで」は **by the way**。「〜の原因となる」は cause。

7 (1)「〜する[した]とき」は **when** を使う。「〜していた」は過去進行形で表す。

(2)**if**「もし〜ならば」を使った文。動詞の形に注意。

(3)「〜なので」という意味の **because** を使う。

・**ポイント**・
・ 過去進行形は〈was[were]＋動詞の -ing 形〉で表す。

・ when は「〜する[した]とき」，because は「〜なので」，if は「もし〜ならば」を表す接続詞。

Lesson 3 〜 Project 1

p.20 〜 p.21 テスト対策問題

1 ア

2 (1)〜を好む　(2)〜を向上させる

(3)製品　(4)重い　(5)型　(6)特別な

(7)**impossible**　(8)**useful**　(9)**finger**

(10)**point**

3 (1)**Thanks to**　(2)**think of**　(3)**lift, up**

(4)**change, into**　(5)**As you know**

(6)**Millions of**　(7)**pricked, with**

(8)**by mistake**

4 (1)エ　(2)ウ　(3)エ

5 (1)**to carry water**

(2)**Can you lift it up**　(3)**pots**

(4)なかにはそれら[その容器]を持って10キロメートル以上歩かなければならない人もいます。

6 (1)**need to**　(2)**tried to**

(3)**to do, homework**　(4)**to buy, eggs**

7 (1)**I have no time[don't have time] to watch TV today.**

(2)**Ken has a lot of books to read.**

・**解説**・

1 話題の中の人物が「何のために訪れたのか」を聞き取ることがポイント。

♪ *A*: Did you visit Miki's house yesterday, Yumi?

B: Yes, I did. Her mother was sick. So I made curry and rice for Miki.

A: Oh, you're kind.

Q: Why did Yumi visit Miki's house?

訳 A：昨日，ミキの家を訪ねましたか，ユミ。

B：はい，訪ねました。彼女のお母さんが病気だったんです。だから，私はミキのた

めにカレーライスをつくりました。

A：ああ，あなたは親切だね。

質問：ユミはなぜミキの家を訪ねたのですか。

3 (1)**thanks to ~** で「~のおかげで」。

(2)**think of ~** で「~のことを考える」。

(3)**lift ~ up** で「~を持ち上げる」。

(4)**change ~ into ...** で「~を…にかえる」。

(5)**as you know** で「ご存じのように」。

(6)**millions of ~** で「多数[何百万も]の~」。
million は「100万」の意味。

(7)**prick ~ with ...** で「…で~をちくりと刺す」。

(8)**by mistake** で「誤って」。mistake は「誤り」
の意味。

4 (1)不定詞の形容詞的用法「~するための，~
すべき」を使う。「私は，今日すべきことがたく
さんあります」

(2)不定詞の形容詞的用法。「私は温かい食べも
のがほしいです」

(3)不定詞の副詞的用法。「私はよい先生になる
ために一生懸命勉強するつもりです」

5 (1)不定詞の副詞的用法「~するために」を使
う。to carry water が use を修飾している。

(2)**lift ~ up** は「~を持ち上げる」という表現。
it や them などの代名詞は lift と up の間に入る。

(3)女性たちが毎日水を得るために運んでいるも
のが何か考える。them は複数形なので，答え
も複数形になる。

(4)**some ~** は「なかには~の人もいる」とい
う意味。**have to ~** は「~しなければならない」。

6 (1)「~する必要がある」は **need to ~**。

(2)「~しようとする」は **try to ~**。

(3)「~するために」という意味を表す〈to＋動
詞の原形〉。「宿題をする」は **do my homework**。

(4)「~するために」という意味を表す〈to＋動
詞の原形〉。

7 (1)(2)名詞を後ろから説明する「~するための」
という意味の不定詞の形容詞的用法を使う。

p.22 ~ p.23 予想問題

1 ウ

2 ウ

3 (1)野球をすること

(2)英語を勉強するために　(3)私に何か飲むもの

4 (1)**company，plastic bottles**

(2)**Thanks to**

(3)**hold，container[pot]**

5 (1)**She had a lot of things to do**

(2)**went to the restaurant to have**

6 (1)私は特別な展示を見るために市役所へ
行きました。

(2)**to show useful products**

(3)**a tool to change dirty water into
clean water**

(4)**millions of people**

7 (1)**You need to buy a new car.**

(2)**My father studied hard to be[become]
a doctor.**

(3)**Many scientists are trying to help
people.**

(4)**I want something sweet to eat.**

(5)**I have no time to play with my friends.**

8 (1)例　**I want to be an English teacher
(in the future).**

(2)例　**I am[I'm] going to study English.**

解説

1 それぞれの人物が「何になりたいか」を聞き
取ることがポイント。

♪ *A:* What is your dream in the future, Aki?

B: I want to be a nurse. I want to help
people. How about you, Josh?

A: I want to be a pilot because they can
fly in the sky.

Q: What does Aki want to be?

訳 A：あなたの将来の夢は何ですか，アキ。

B：私は看護師になりたいです。私は人々を
助けたいです。あなたはどうですか，ジ
ョシュ？

A：空を飛べるからパイロットになりたいで
す。

質問：アキは何になりたいですか。

2 男の子が昨日何をしたか，注意して聞く。

♪ *A:* It's very cold these days.

B: Yes. I went to a shopping mall to buy
a sweater yesterday. I got a blue one.

A: Sounds nice. I want to see it next time.

Q: What did the boy do yesterday?

訳 A：最近とても寒いね。

B：うん。ぼくは昨日セーターを買いにショッピングモールへ行ったんだ。青いのを買ったよ。

A：いいね。今度それを見たいな。

質問：男の子は昨日，何をしましたか。

3 (1)不定詞の名詞的用法「～すること」で表す。

(2)不定詞の副詞的用法「～するために」で表す。

(3)不定詞の形容詞的用法「～するための」で表す。**something to drink** で「何か飲むもの」となる。

5 (1)(2) to を補い，〈to＋動詞の原形〉を使う。

6 (1) City Hall で「市役所」という意味。〈to＋動詞の原形〉を「～するために」の意味で訳す。

(2)「～するための」は〈to＋動詞の原形〉で表す。「役に立つ製品」は useful poducts。

(3) **change A into B** で「A を B にかえる」。

(4) **millions of ～**「多く[何百万も]の～」という意味。

7 (1) **need to ～** で「～する必要がある」。

(2)「～するために」は〈to＋動詞の原形〉で表す。

(3)「～しようとする」を表す **try to ～** を使う。

(4)「何か甘い食べもの」は〈**something＋形容詞＋to＋動詞の原形**〉を使う。

(5) I have no time のあとに〈to＋動詞の原形〉を続けて「私は～する時間がない」となる。

8 (1) I を主語にして，**want to be ～**「～になりたい」で表す。

・ポイント・
不定詞〈to＋動詞の原形〉の三大用法
・名詞的用法は「～すること」
・副詞的用法は「～するため，～して」
・形容詞的用法は「～するための，～すべき」

Reading 1

p.25 テスト対策問題

1 (1)実際は，実は (2)巨大な (3)かつて

(4)～を守る (5)nothing (6)almost

(7)size (8)yet

2 (1)stay out (2)growing in

(3)figure out (4)per[an] hour

3 (1)until (2)that (3)while

4 (1)to run (2)to watch (3)called

5 (1)私は宿題をするために早起きしました。

(2)私がサムと話している間にジョンは家に

帰りました。

(3)明日は晴れるといいなと思います。

◢解説◣

2 (1)(3) must と can(cannot)は助動詞なので，そのあとの動詞は原形になる。

(2)「生える」は **grow in** で表す。「ちょうど～している」を表すために現在進行形を使う。

(4)「時速」は **per hour**。per は「～につき」。

3 (1)「家に着くまで彼女は歩きました」の意味。

(2)「私は彼がその試合に勝つと信じています」の意味。

(3)「私は走っている間に音楽を聞きます」の意味。

4 (1)「～するために」という不定詞の to を用いる。to のあとの動詞は原形となる。

(2)「～するための」という不定詞の to を用いる。「私はテレビを見る時間がありません」の意味。

(3)過去のできごとについて話しているため，動詞を過去形にする。

5 (1)不定詞の副詞的用法で，この不定詞は「～するために」という意味を表す。

(2) **while** は「～する間に」の意味。

(3) hope のあとに接続詞の **that** が省略された形。I hope ～ will .... で「～が…するといいなと思う」の意味。

p.26 ～ p.27 予想問題

1 ウ

2 ア

3 (1)actually (2)Once (3)Yet

(4)Sometimes

4 (1)kind (2)last

5 (1)grow in (2)for, to (3)protect

(4)until (5)figure out

6 (1)per hour

(2)なかにはとても暑い場所に住むペンギンさえいます。

(3)驚くことは何もありませんか。 (4)while

(5)They cannot go into the water to get food (6)fast

7 (1)Penguins do have knees

(2)There were five-foot-tall penguins

(3)They fast to warm their eggs

8 (1)You must[have to] stay out of the [your] house[home].

(2)**They think（that）the cat is cute [pretty].**

1 2文目を正しく聞き取ることがポイント。

♪ Today, Keita was going to go to school early in the morning. But he slept until his mother came to his room. He got up at eight o'clock. He was late for school.

訳 今日，ケイタは学校に朝早く行くつもりでした。しかし，お母さんが彼の部屋に入るまで彼は寝(ね)ていました。彼は8時に起きました。彼は遅刻しました。

2 マナがなぜ I'm sorry. と言っているのかに注意して聞くこと。

♪ A: Are you free after school, Mana?
　 B: Oh, I'm sorry. I have to go to my grandmother's house to give her some flowers. Yesterday was her birthday.
　 A: Oh, nice. I think she will like the flowers.
　 Q: Where will Mana go?

訳 A：放課後はひまかな，マナ。
　 B：ああ，ごめんなさい。私はお花をあげるために祖母の家に行かなければならないの。昨日は祖母の誕生日だったんだ。
　 A：わあ，すてきだね。おばあちゃんは花を気に入ると思うよ。
　 質問：マナはどこに行くつもりですか。

3 (1)「実際は」という意味を表す **actually** が入る。この文は「その鳥はテレビでは小さく見えるが実際は大きい」という意味。

(2)過去形の文なので，「かつて」を表す **once** を入れる。

(3)**yet** には「まだ」という意味もあるが，このように文頭で用いられる場合は「けれども」の意味を表す。

(4)**sometimes** は「ときどき」という意味。

4 (1)Aは「親切な，やさしい」という意味の形容詞，Bは「種類」という意味の名詞。

(2)Aは「この前の」という意味の形容詞，Bは「続く」という意味の動詞。

5 (1)「生える」は **grow in**。

(2)**for A to B** で「AからBの間」を表す。

(3)「～を守る」は protect。

(4) 「～するまで」を表す接続詞は **until** を用いる。そのあとには〈主語＋動詞〉のまとまりが続く。「～する間に」という意味の **while** と混同しないように注意。

(5)「～を解き明かす」は **figure out ～**。

6 (1)「毎時（時速）」は「1時間につき」という意味。「～につき」は per で表せるので，「1時間につき」は **per hour** となる。

(2)**some** は「いくつかの」という意味のほかに「なかには～もある」という意味を持つ。

(4)**while** は「～する間に」という意味の接続詞で，そのあとには主語と動詞が続く。

(5)「～ために」という不定詞の副詞的用法が用いられている。cannot と to のあとの動詞はいずれも原形となる。

(6)**fast** は動詞で「絶食する」という意味。「速く」という意味の fast は副詞。

7 (1) 動詞を肯定的に強調する際には，その前に助動詞 do を置く。

(2)「～がいました」は **There were ～.** で表す。

8 (1)「～しなければならない」には **must** または **have to ～** を用いる。「～の外にいる」は **stay out of ～** で表す。

(2)「～と思っている」は **think that ～**。この that は省略することもできる。

Lesson 4

p.30～p.31 テスト対策問題

1 (1)ウ　(2)イ

2 (1)実在する　(2)経験，体験
(3)レポート，報告書　(4)～を必要とする
(5)雑誌　(6)まだ,依然(いぜん)として　(7)workplace
(8)number　(9)speed　(10)necessary

3 (1)like to　(2)Go for it　(3)at first
(4)takes care of　(5)There used to be
(6)was surprised at

4 (1)cooking　(2)painting　(3)living
(4)Writing　(5)Wrapping

5 (1)working　(2)in the future
(3)I'd like to use English in my future job
(4)comes true

9

6 (1)**told him that** (2)**taught us that**

7 (1)**like playing the piano**

(2)**Taking care of children is**

8 (1)**We enjoyed playing a video game [video games] yesterday.**

(2)**Did you finish writing your report?**

解説

1 (1) B が I just enjoy watching it. と言ったことに対し，A は I enjoy playing and watching it. と言っているので正解はウ。

♪ *A:* Do you like baseball?

B: Yes, I do. But I don't play it. I just enjoy watching it.

A: Oh, I like baseball, too. But I enjoy playing and watching it.

Q: What do they both like doing?

訳 A：野球は好きですか。

B：はい，好きです。でもプレーはしません。ただ見るのを楽しむだけです。

A：ああ，私も野球が好きですよ。するのも見るのも好きですが。

質問：彼<ruby>ら<rt>かれ</rt></ruby>が2人とも好きなのは何をすることですか。

(2)最後の発言に注意して聞くこと。

♪ *A:* Cooking is a lot of fun! I enjoy cooking at home.

B: Oh, really? I can't cook. I just enjoy eating.

A: Come to my house and let's cook something together next time.

Q: What are they going to do next time?

訳 A：料理をすることはとても楽しいですね！私は家で料理を楽しんでいます。

B：わあ，そうなのですか。私は料理ができません。食べることを楽しむだけです。

A：次回はうちに来ていっしょに何か料理しましょうよ。

質問：彼らは次回，何をするつもりですか。

3 (1)**I'd like to ～**（= I would like to ～）は「～したい」。

(2)Go for it. は会話でよく使う表現。

(3)「最初は」は **at first**。

(4)「～の世話をする」は **take care of ～**。

(5)**there used to be ～** で「昔～があった」。

(6)「～に<ruby>驚<rt>おどろ</rt></ruby>く」は **be surprised at ～**。

4 ⚡ミス注意! ing を動詞の語尾に付けるときの注意点を思い出すこと。(3)(4)は e を取って ing，(5)は p を重ねて ing をつける。

5 (1)**enjoy ～ing** で「～することを楽しむ」。

(3)**I'd like to ～.** で「～したい」の意味。

(4) ⚡ミス注意! I hope に続く文の主語が your dream で3人称単数なので，それに続く come は comes となる。

6 〈tell[teach]＋人＋that ～〉「（人）に～ということを伝える[教える]」の形。

7 (1)**like ～ing** で「～することが好き」。

(2)動名詞が主語になる文。

8 (1)**enjoy ～ing** を使った過去形の文。「テレビ・ゲームをする」は play a video game[video games]。

(2)**finish ～ing** で「～し終える」。write の -ing 形は e をとって ing をつける。

p.32 ～ p.33 予想問題

1 ア

2 ア

3 (1)**reading** (2)**Visiting** (3)**being**

4 (1)**like to** (2)**is good at**

(3)**in the[your] future**

(4)**took，for a walk** (5)**Even so**

5 (1)**me that** (2)**enjoyed painting**

6 (1)**had**

(2)**ア a lot，イ a lot of**

(3)**books and magazines**

(4)**shelves** (5)**talking**

(6)**that there used to be five bookstores in this town**

7 (1)**a lot of water is good for your health**

(2)**taught me that listening to music is interesting**

8 (1)**Helping others is important.**

(2)**Taking care of children requires [needs] a lot of energy.**

解説

1 それぞれの人物が日曜日に何をしたかをきちんと聞き取ること。

♪ *A:* Where did you go last Sunday?

10

B: I went to the park. I enjoyed playing tennis with my brother. How about you?

A: I went to an aquarium.

Q: What did the woman do last Sunday?

訳 A：あなたはこの前の日曜日にどこに行きましたか。

B：私は公園へ行きました。兄[弟]と一緒にテニスをして楽しみました。あなたはどうですか。

A：私は水族館へ行きました。

質問：女性はこの前の日曜日に何をしましたか。

2 最後の方で女性が Please teach me. と頼んでいるのに対し，男性が Of course! と答えているので，正解はア。

♪*A:* I like singing English songs.

B: Wow! My father is good at English. But he told me that singing English songs is very hard. Please teach me.

A: Of course!

Q: What will the man do?

訳 A：私は英語の歌を歌うことが好きなんです。

B：わあ！ 私の父は英語が得意です。でも，彼は英語の歌を歌うのはとても難しいと私に言っていました。私に教えてください。

A：いいですとも。

質問：男性は何をするでしょうか。

3 (1) **finish -ing** で「～し終える」の意味。

(2)動名詞が主語の文。

(3) ✓ミス注意! **be kind to ～** で「～に親切にする」。that 以下は動名詞を主語にした文となっている。

4 (1) **I'd like to ～.**（＝I would like to ～.）は「～したい」。

(2)「～することがじょうずである」は **be good at ～ing**。

(3)「将来」は **in the future**。

(4)〈**take＋人＋out for a walk**〉で「（人）を散歩に連れ出す」。

(5)「たとえそうでも」は **even so**。

5 (1)〈**tell＋人＋that ～**〉の過去形の文。

(2) **enjoy ～ing** で「～することを楽しむ」。

6 (1) **have an experience** で「経験する」。

(2) a lot は副詞的に動詞を修飾し，a lot of は形

容詞的に名詞を修飾する。

(3)前出の複数名詞を抜き出す。

(4) ✓ミス注意! f で終わる名詞の複数形は f を v にかえて es をつける。

(5) **enjoy ～ing** で「～することを楽しむ」。

(6)〈**tell＋人＋that ～**〉の文。**there used to be ～** で「昔～があった」。

7 (1)動名詞が主語になる文。

(2)〈**teach＋人＋that ～**〉「（人）に～を教える」の文。

8 (1)動名詞を主語にする文。「他の人を助ける」は help others。

(2)動名詞を主語にした文をつくる。「多くのエネルギーが必要だ」は requires[needs] a lot of energy。

ポイント
- 動名詞（動詞の -ing 形）は「～すること」という意味。
- 〈**tell**[**teach**]＋人＋**that ～**〉で「（人）に～ということを伝える[教える]」。

Lesson 5

p.36 ～ p.37 テスト対策問題

1 (1)イ (2)ウ

2 (1)穴 (2)種 (3)邪悪な (4)起源

(5)先祖 (6)慣習 (7)carve (8)costume

(9)celebrate (10)similar

3 (1)Got it (2)takes place (3)took out

(4)keep, away (5)different from

4 (1)to play (2)to cook (3)to have

(4)to start (5)to make

5 (1)(On) October 31st[Irish New Year's Eve] (2)were afraid of

(3)怖い衣装を着ること

(4)彼らは邪悪な霊を遠ざけるため家の外にカブのちょうちんを置きました。

(5)turnip lanterns

6 (1)for, to answer (2)how to

7 (1)dangerous to swim

(2)important to help

8 (1)It was difficult[hard] for me to draw the[that] face.

(2)Can you teach[tell] me when to

celebrate the festival?

解説

1 (1) A の発言 Please teach me how to play it. の it は *shogi* を指す。

♪ *A:* Do you know how to play chess, Maya?

　B: No, Henry. But I know how to play *shogi*. I think chess is similar.

　A: I see. Please teach me how to play it.

　Q: What does Henry want to know?

訳　A：チェスのやり方を知っていますか，マヤ。

　　B：いいえ，ヘンリー。でも将棋のやり方なら知っています。チェスは将棋に似ていると思います。

　　A：なるほど。そのやり方を私に教えてください。

　　質問：ヘンリーは何を知りたいのですか。

(2) A が not easy と言っていることに B も同意しているので，正解はウ。

♪ *A:* It is not easy to learn Japanese. Japanese has many kinds of letters like *kanji*, *hiragana*, and *katakana*.

　B: Yes. It is very difficult for me, too.

　A: We should ask someone how to learn Japanese.

　Q: What do they think about Japanese?

訳　A：日本語を学ぶのは簡単ではありません。日本語には漢字，ひらがな，カタカナのようにたくさんの種類の文字があります。

　　B：そうですね。私にとってもそれはとても難しいです。

　　A：私たちはだれかに日本語を学習する方法をたずねたほうがいいですね。

　　質問：彼らは日本語についてどう思っていますか。

3 (1) Got it? は会話でよく使う表現。

(2) **ミス注意！** take place で「行われる，起こる」。主語が 3 人称単数で現在形であることに注意する。

(3) **take out ～**「～を取り出す」を過去形にする。

(4) away は「離れて」の意味。**keep ～ away** で「～を遠ざける」。

(5)「～とは異なる」は **be different from ～**。be は主語に合わせてかえる。

4 (1) **how to play the violin** は「バイオリンの弾き方」。

(2) **how to cook** は「料理の仕方」。

(3) **It is ... to ～.** は「～することは…だ」の形。「パーティーをすることは楽しい」の意味。

(4) **when to start** で「いつ始めるべきか」。

(5) **show me how to ～**で「私に～の仕方を教える[見せる]」。

5 (1) on this day は前文の October 31st[Irish New Year's Eve]を指す。

(2) **be afraid of ～**「～を恐れている」の be 動詞を主語に合わせ，過去形にする。

(3)直前の文の行動 wore scary costumes を参照。

(4) to ～は「～するために」という理由を表す。

(5)最後の 2 文を参照。

6 (1)〈It is ... (for＋人) to ～.〉の過去の文。「(問題)に答える」は answer (the question)。

(2)「～への行き方」は **how to get to ～**。

7 動名詞が主語の文を〈It is ... (for＋人) to ～.〉の文に書きかえたもの。

(1) Swimming が to swim となる。

(2) Helping your friend が to help your friend となる。

8 (1)「その顔を描く」は draw the[that] face。

(2)「その祭りを祝う」は celebrate the festival。

p.38 ～ p.39　予想問題

1 (1)ア　(2)ウ

2 (1)**how to**　(2)**for me**　(3)**to visit**

3 (1)**takes place**　(2)**is afraid of**

(3)**is different from**　(4)**First**

(5)**Lastly, Got it**

4 (1)**fun to**　(2)**hard, to use**

(3)**It, interesting, to**

5 (1)**It's[It is] November 2nd.**

(2)①**to**　③**during**

(3)**お盆も死者の日も先祖に関係した行事だというところ。**

(4)**It's interesting to know we have similar customs**

6 (1)**I don't know where to go**

(2)**She taught me how to swim**

(3)**It is fun for me to cook**

7 (1)**Do you know where to go next?**

(2)**It is[It's] very interesting to know we have different customs.**

(3)**Can you teach me how to wrap a book[books] in a paper jacket[paper jackets]?**

解説

1 (1)女の子に何を教えてほしいと言っているか，最初の一文を聞き逃さないようにする。

(2)First，Second などの順序を表す語句に気をつけて聞くこと。

♪ *A:* Please teach me how to make this sandwich. It looks so delicious.

B: Sure. First, make an omelet. Second, cut some vegetables such as tomatoes and onions. Then put the omelet and the vegetables on the bread with some bacon.

A: Oh, That sounds easy. I'll try it.

Q1: What does the boy want to make?

Q2: What will the boy do first when he makes it?

訳 A：このサンドイッチのつくり方を私に教えてください。とてもおいしそうですね。

B：いいですよ。最初にオムレツをつくります。2番目にトマトやタマネギのような野菜を切ります。そしてパンの上にベーコンといっしょにオムレツと野菜を乗せます。

A：わあ，簡単そうですね。やってみます。

質問1：男の子は何をつくりたいのですか。

質問2：それをつくるときに，男の子は最初に何をするでしょうか。

2 (1)**how to ~**で「~の仕方」となる。

(2)〈**It is ... for＋人＋to ~.**〉の文。〈**for＋人**〉で「(人)にとって」という意味。

(3)**when to ~**で「いつ~すべきか」の意味。

3 (1)ミス注意！ **take place** で「行われる，起こる」。主語が3人称単数形であることに注意。

(2)「イヌが怖い」は「イヌを恐れている」と考える。**be afraid of ~**で「~を恐れている」という意味。

(3)「~とは異なる」は **be different from ~**。be動詞は主語に合わせてかえる。

(4)**First，Second，Third** などの順序の表現は，セットで覚えておくこと。

(5)「最後に」は **lastly**。「わかった」の **Got it.**

は会話でよく使われる表現。

4 (1)(2)不定詞が主語の文を〈**It is ... (for＋人) to ~.**〉の文に書きかえたもの。

(3)動名詞が主語の文を〈**It is ... for＋人＋to ~.**〉の文に書きかえたもの。

5 (1)ペドロの最初の発言を参照。

(2)①「~するために」という不定詞の to が入る。③ **during** は「~の間に」という意味。

(3)ペドロとアヤのそれぞれ2つめの発言を参照。

(4)**It is ... to ~.**「~することは…だ」という意味の文にする。know のあとに接続詞 that が省略されている。

6 (1)**where to ~**で「どこへ行くべきか」。

(2)〈**teach＋人＋how to ~**〉で「(人)に~の仕方を教える」の意味。

(3)〈**It is ... for＋人＋to ~.**〉「(人)にとって~することは…だ」の文。

7 (1)**Do you know ~?**「あなたは~を知っていますか」の know の目的語に where to go「どこに行くべきか」が続く。

(2)**It is ... to ~.**「~することは…だ」を使う。「おもしろい」は interesting，「異なる習慣」は different customs。

(3)「紙のカバーで本を包む」は wrap a book in a paper jacket。**Can you ~?** は「~してくれませんか」という表現。

ポイント

• 〈**how to＋動詞の原形**〉で「~の仕方」，〈**what to＋動詞の原形**〉で「~すべきこと」。

• 〈**It is ... to＋動詞の原形**〉で「~することは…だ」。

Lesson 6 ～ Useful Expressions 2

p.42～p.43 テスト対策問題

1 (1)ア　(2)イ

2 (1)探査，調査　(2)歴史　(3)特に　(4)写真家 (5)神秘的な　(6)景色，景観　(7)rock (8)among　(9)powerful　(10)fascinating

3 (1)Here we are　(2)I hear (3)even more　(4)because of[thanks to] (5)might[may]

4 (1)taller　(2)nicer　(3)easier (4)bigger　(5)largest　(6)hottest

(7)**more popular**

5 (1)**place do you want to visit**

(2)②**more interesting**　⑤**most popular**

(3)ボブが「日本食より日本の城がおもしろい」と言ったのが自分の好みと全く異なるから。

(4)**to**

6 (1)**highest of**　(2)**most famous, in**

(3)**as popular as**　(4)**better than**

7 (1)**Reading（books）is more interesting than watching TV.**

(2)**I can run as fast as Tom.**

解説

1 (1)エミの最初の発言で，映画より読書が好きと言っているのでアが正解。

♪*A:*　Do you like watching movies, Emi?

B:　Yes, Andy.　But I like reading books better than watching movies.

A:　Oh, really?　I sometimes read books, but I like comic books better.

Q:　What does Emi like better?

訳 Ａ：君は映画を見るのは好きかな，エミ。

Ｂ：うん，アンディー。でも私は読書の方が映画を見るよりも好きなの。

Ａ：わあ，本当に？　ぼくはときどき本を読むけど，マンガのほうが好きだな。

質問：エミがより好きなのは何ですか。

(2)リサの最初の発言からイが正解とわかる。

♪*A:*　I like arts and crafts the best of all subjects.　Which subject do you like the best, Taro?

B:　I like music the best, Lisa.　I especially like singing songs.

A:　Oh, I envy you.　I'm not good at singing.

Q:　Which subject does Lisa like the best?

訳 Ａ：私は全部の教科の中で図工がいちばん好きなの。タロウはどの教科がいちばん好き。

Ｂ：ぼくは音楽がいちばん好きだよ，リサ。特に歌を歌うことが好き。

Ａ：わあ，うらやましい。私は歌うことが苦手なの。

質問：リサはどの教科がいちばん好きですか。

3 (2)hear は「耳にする」の意味。**I hear（that）～.** は「～だそうだ」という意味。

(3)**even more** で「いっそう」の意味。

(4)**because of〔thanks to〕～** で「～のおかげで」の意味。

(5)**might〔may〕**は「～かもしれない」を表す。

4 (1)(2)(3)(4)(7)後ろに **than** があるので，形容詞を比較級の形にする。(5)(6)は空欄の前に the があるので，意味から考えても最上級の形にする。

(2)(5) ミス注意！ e で終わる単語は r または st のみをつける。

(3) ミス注意！ y で終わる単語は y を i に変えて er。

(4)(6) ミス注意！ 最後の文字を重ねて er または est をつける。

(7)つづりの長い単語は，more を前に置く。

5 (1)「どの～」などとたずねるときには，〈**What＋名詞**〉で始める。

(2)比較的つづりが長い語の比較級，最上級は **more，most** をつけて表す。

(3)Incredible! の前後の文に注目。

(4) ミス注意！ **prefer ～ to ...** で「…より～が好きである」の意味。than を使わないことに注意。

6 (1) ミス注意！ all とあるので，「～の中で」には **of** を使う。

(2) ミス注意！ Japan という地域を表す語句があるので，「～の中で」は **in** を使う。

(3)「～と同じくらい…」は〈**as＋形容詞・副詞の原級＋as ～**〉。

(4)「～よりも…が好き」は **like ... better than ～**。

7 (1)Reading（books）「読書」が主語となる。

(2)「～と同じくらい…」は〈**as＋形容詞・副詞の原級＋as ～**〉。

p.44～p.45　予想問題

1 イ

2 ア

3 (1)**earlier than**　(2)**fastest in**

(3)**more interesting**　(4)**better than**

4 (1)**prefer, to**　(2)**because of〔thanks to〕**

(3)**am interested in**　(4)**might〔may〕**

(5)**How tall〔high〕**

5 (1)**better than**

(2)**the most, of, the most**

6 (1)私はアリゾナ州出身なので，そこについて伝えさせてください。

(2)**such as**

(3)**Antelope Canyon is as amazing as the Grand Canyon.**

(4)④**イ** ⑤**ア** (5)**even more**

7 (1)**He is the tallest in his family**

(2)**What is the most popular sport in Japan**

(3)**I am as busy as my sister**

8 (1)**He can run the fastest of all the students in his class.**

(2)**What sport do you like the best?**

(3)**I like soccer the best.**

解説

1 ヒロトはリクよりも速く，ケイタはヒロトよりも速いと言っているので，ケイタがいちばん速く走る。

♪ Hiroto ran with his friends in the park yesterday. Hiroto is good at running. Hiroto ran faster than Riku. But Keita ran faster than Hiroto.

訳 ヒロトは昨日，友だちと公園で走りました。ヒロトは走るのが得意です。ヒロトはリクよりも速く走りました。でも，ケイタはヒロトよりも速く走りました。

2 それぞれの人物の年齢に気をつけて聞く。

♪ Ayane is the oldest girl in the volleyball team. She is 15 years old. Yuka is as old as Miki. They are 13 years old. But Yuka is taller than Miki.

Q: Who is as old as Miki?

訳 アヤネはバレーボールのチームでいちばん年上です。彼女は 15 歳です。ユカはミキと同じ年です。彼女たちは 13 歳です。でも，ユカはミキよりも背が高いです。

質問：だれがミキと同じ年ですか。

3 (1) ❌ミス注意! early の比較級は y を i に変えて er をつける。

(2)「クラスの中で」は〈in＋範囲を表す語句〉で表せるため in the class となる。

(3)比較的長いつづりの語は more をつけて比較級にする。

(4) ❌ミス注意! well の比較級は不規則に変化して **better** となる。

4 (1)「A より B が好きである」は **prefer B to A**。

(2)「～のおかげで」は because of[thanks to] ～。

(3)「～に興味がある」は be interested in ～。

(4)「かもしれない」は **might[may]**。

(5)建物などの高さを聞くときには How tall ～? を使う。

5 (1)「～よりも…が好き」は like … better than ～。

(2)all subjects は all があるので of を使う。

6 (1)**Let me ～.** で「～させてください」。

(3)「～と同じくらい…」は〈as＋形容詞・副詞の原級＋as ～〉で表す。

7 (1)「～の中でいちばん…だ」は〈the＋最上級＋in[of] ～〉。

(2)「いちばん人気がある」は the most popular と表す。

(3)「～と同じくらい…」は〈as＋形容詞・副詞の原級＋as ～〉。

8 (1)最上級を使った「～の中でいちばん」は「クラスのすべての生徒」とあるので，of all ～ で表す。

(2)(3)「…がいちばん好き」は like … the best。

ポイント

- 比較の文→〈比較級(形容詞[副詞]＋er)＋than ～〉「～よりも…だ」
- 最上級の文→〈the＋最上級(形容詞[副詞]＋est)＋of[in] ～〉「～の中でいちばん…だ」
- as … as ～の文→〈as＋形容詞[副詞]の原級＋as ～〉「～と同じくらい…だ」

Lesson 7 ～ Project 2

p.48 ～ p.49 テスト対策問題

1 (1)**イ** (2)**ウ**

2 (1)**～を届ける** (2)**料金** (3)**～を集める**
(4)**災害** (5)**起こる** (6)**結果** (7)**print**
(8)**support** (9)**experiment** ⑽**donate**

3 (1)**in the middle of** (2)**at the end of**
(3)**in need** (4)**throughout, year**
(5)**each other**

4 (1)**was written by** (2)**were sent by**
(3)**was broken, John**
(4)**is spoken there**

5 (1)**これはとても古いものです。**
(2)**This card was printed in 1843.**

15

(3)**Henry Cole sent this card.**

(4)**it was sent to his friend John**

6 (1)**The festival is held in autumn.**

(2)**Was this vegetable eaten by the rabbit?**

(3)**Their house will be built（by them） next year.**

(4)**Where is this book read?**

(5)**Where was this letter written?**

7 (1)**English is spoken not only in America[the U.S.] but（also）in Australia.**

(2)**The[That] question should be answered now.**

解説

1 (1)トムの最初の発言に注意して聞くこと。お母さんはケーキをつくるのが得意と言っている。

♪*A:* This cake is so good. Where did you buy it, Tom?

B: Oh, do you like it, Hana? It was made by my mother. She is good at making cakes.

A: Really? I want to learn how to make it!

Q: Was the cake made by Tom?

訳 A：このケーキはとてもおいしいわ。どこでそれを買ったの，トム。

B：ああ，気に入った，ハナ？ それはぼくの母がつくったんだ。彼女はケーキをつくるのが得意なんだよ。

A：本当？ そのつくり方を学びたいわ。

質問：そのケーキはトムによってつくられましたか。

(2)ケビンの２つ目の発言で It was taken by my brother. とある。It は a picture of the festival を指す。

♪*A:* Hi, Aki. I went to the snow festival in Sapporo yesterday. This is a picture of the festival.

B: Hi, Kevin. I wanted to go there too. Did you take this picture?

A: No. It was taken by my brother. He bought a new camera last week.

Q: Who took the picture?

訳 A：やあ，アキ。ぼくは昨日札幌の雪まつりに行ってきたんだ。これがその祭りの写真だよ。

B：こんにちは，ケビン。私もそこに行きたかったな。あなたがこの写真を撮ったの？

A：いいえ。それはぼくの兄[弟]が撮ったんだ。彼は先週新しいカメラを買ったんだよ。

質問：だれがその写真を撮りましたか。

3 (1)「～の中心部に」は **in the middle of ～**。

(2)「～の終わりに」は **at the end of ～**。

(3)**people in need** で「必要としている人々」。

(4)**throughout the year** で「1年の間中ずっと」。

(5)「お互いに」は **each other**。

4 (1)(2)(3) ⚡ミス注意! 「～された」という受け身の形〈be 動詞＋動詞の過去分詞形〉を使う。元の文の動詞がすべて過去形なので，be 動詞は過去形になる。

(4)一般的な話をしているとき，動作主を言う by ～は省略可能。

5 (1)something very old を直訳すると「とても古い何か」という意味になる。

(2) ⚡ミス注意! 「印刷された」は受け身の形〈be 動詞＋動詞の過去分詞形〉を使う。「された」なので be 動詞は過去形。

(3) ⚡ミス注意! Henry Cole を主語にして，動詞は was sent を sent にかえる。send の過去形は sent で過去分詞形も sent。

(4)「彼の友人の John」は his friend John と表す。

6 (1)the festival を主語にして受け身の形〈be 動詞＋動詞の過去分詞形〉を使う。

(2)受け身の疑問文は be 動詞を文頭に置く。

(3) ⚡ミス注意! 助動詞が含まれる文の受け身は〈助動詞＋be＋動詞の過去分詞形〉の語順にする。

(4)(5)それぞれ「たくさんの国で」「イギリスで」に下線があるので，「どこで」という疑問詞を文頭に置き，〈疑問詞＋be 動詞＋主語＋動詞の過去分詞形〉の語順になる。

7 (1) ⚡ミス注意! not only A but（also）B で「A だけでなく B も」。受け身の文であることに注意。

(2)「～されるべき」は〈should be＋動詞の過去分詞形〉。

1 エ

2 ウ

3 (1)**eaten**　(2)**held**　(3)**built**

4 (1)**each other**　(2)**spent, on**
　(3)**in the middle of**　(4)**at the end of**

5 (1)**The book should be read by Aki.**
　(2)**Yumi studies math and English every day.**
　(3)**Where were these pictures taken?**

6 (1)**What is it for**
　(2)**サンタ・ランは病院にいる子どもたちを支援するためのチャリティー・イベントです。**
　(3)③**bought**　⑥**held**
　(4)**Do the runners deliver the gifts?**
　(5)**Exactly**

7 (1)**When is the festival held**
　(2)**A big tree can be seen from here**
　(3)**The vegetable is imported from America**

8 (1)**The〔That〕new computer will be used by many people in the future.**
　(2)**A lot of money was donated to（the）people in need.**

解説

1 ジョンの家で映画を見ようという誘いに対して，ユイは最初の発言で同意しているので答えは**エ**。
　　♪ *A:* Yui, are you free next Saturday? I'm going to watch a movie at home. Can you come to my house?
　　B: That sounds nice, John! I'm free this weekend. What movie is it?
　　A: "The Dream." It is loved all over the world.
　　Q: What are they going to do next Saturday?
　　訳 A：ユイ，今度の土曜日はひまかな。家で映画を見ようと思うんだ。うちに来れるかな。
　　　　B：それはすてきね，ジョン。私は今週末ひまよ。それは何の映画なの。
　　　　A：「ザ・ドリーム」だよ。それは世界中で愛されているんだ。

質問：彼らは今度の土曜日に何をする予定ですか。

2 マサトの発言でIt is sold even at convenience stores. の It は *dorayaki* を指すことがポイント。
　　♪ *A:* What are you eating, Masato? I don't know this food.
　　B: Oh, Emily, this is a Japanese snack. It is called *dorayaki*. It is sold even at convenience stores.
　　A: Really? I'll try it later.
　　Q: Where is *dorayaki* sold?
　　訳 A：何を食べているの，マサト。私はこの食べものを知らないわ。
　　　　B：ああ，エミリー，これは日本の食べものだよ。どら焼きと呼ばれているよ。コンビニエンス・ストアでも売られているよ。
　　A：本当？　あとで試してみるわ。
　　質問：どら焼きはどこで売られていますか。

3 (1) is eaten で「食べられている」の意味。eat の過去分詞形は eaten。
　　(2) is held で「行われている」の意味。hold の過去分詞形は held。
　　(3) were built で「建てられた」の意味。build の過去分詞形は built。

4 (1)「お互いに」は **each other**。
　　(2)「…で〜を使う」は **spend 〜 on ...**。
　　(3)「〜の中央に」は **in the middle of 〜**。
　　(4)「〜の終わりに」は **at the end of 〜**。

5 (1)助動詞が含まれる文を受け身にするには，〈助動詞＋be＋動詞の過去分詞形〉の語順にする。
　　(2) ミス注意！ 元の文で are studied となっているので，現在形の文。Yumi を主語にしたときに3人称単数で現在形のため動詞に s を忘れないようにすること。
　　(3) in Okinawa は場所を表すので Where にかえて文頭に出す。

6 (2) It は Santa Run を指す。
　　(3)受け身の文にする。buy は **buy-bought-bought**，hold は **hold-held-held** と活用する。
　　(4)現在形の文なので，Do から始まる疑問文に。

7 (1)「開催される」は is held で表す。
　　(2)助動詞 can を使った受け身の文。〈助動詞＋be＋動詞の過去分詞形〉の語順にする。

(3)「輸入されている」は **is imported**。

8 (1)「〜によって」は **by 〜**。

(2)「必要としている人たち」は **people in need**。

Reading 2

p.53 テスト対策問題

1 (1)戦争　(2)大きな　(3)塩

(4)夜の12時　(5)soldier　(6)villager

2 (1)on my way home　(2)afraid of

(3)asked for　(4)Sure, are

3 (1)into　(2)with　(3)out　(4)away

4 (1)The dish will taste better.

(2)He made the most wonderful soup.

(3)He brought her some vegetables.

5 (1)The students looked at each other.

(2)We read one book after another.

解説

2 (1)「帰る途中で」**on one's way home**。下線部は主語等に合わせてかえる。

(2)「〜を恐れる」は **be afraid of 〜**。

(3)「〜を求める」は **ask for 〜**。

(4)「もちろん」は sure,「あります」は **there is[are]** で表す。

3 (1)「〜の中へ」は **into** を使う。

(2)**fill 〜 with ...** で「〜を…で満たす」。

(3)**call out** で「叫ぶ,声をかける」。

(4)**right away** で「すぐに」。

4 (1) ミス注意! good の比較級は **better** と不規則に変化する。

(2) ミス注意! 比較的長いつづりの最上級は **most** をつける。

5 (1)「お互いに」は **each other**。

(3)「〜を次々と」は **one 〜 after another**。

p.54 〜 p.55 予想問題

1 ウ

2 イ

3 (1)with　(2)up　(3)into　(4)for　(5)at

(6)until

4 (1)with　(2)out

5 (1)First　(2)Soon　(3)Of course

(4)At last

6 (1)①ウ　②イ　③エ　④ア

(2)兵士たちは家に次々と立ち寄っては食べ物を求めました。

(3)"We don't have any food."

(4)The three soldiers talked together

7 (1)He brought me some books

(2)They found a new shop on their way home

8 (1)The[That] pizza tastes very good [delicious].

(2)These vegetables make good soup.

解説

1 手順から何をつくろうとしているかを把握すること。We need 〜. の部分に注意して聞く。

♪ First, cut some fruit. You need some apples, kiwi fruit and oranges. Then, put them into the glass with some tea. This is the fruit tea. You can put some jam into the tea if you want. It will taste sweeter.

Q: What kind of fruit do they need?

訳 まず,くだものを切ります。リンゴ,キウイ・フルーツ,オレンジが必要です。そして,それを紅茶といっしょにグラスに入れます。これがフルーツ紅茶です。もしほしければ,ジャムを入れてもいいでしょう。もっと甘くなります。

質問：どんな種類のくだものが必要ですか。

2 マイクの返答と母親の最後の発言に注目する。ニンジンは必要だが今はない。

♪ A: I'm going to cook curry and rice tonight. Can you bring me some potatoes and onions, Mike?

B: Sure, Mom. Do you need carrots, too?

A: Yes, but I don't have any carrots. I'm going to buy them later.

Q: What is Mike's mother going to buy?

訳 A：今晩はカレーライスをつくる予定よ。ジ

ャガイモとタマネギをいくつか持ってき
てくれる，マイク？

B：わかったよ，お母さん。ニンジンも必要？

A：ええ，でも今ニンジンは1つもないの。
あとで買いに行くわ。

質問：マイクのお母さんは何を買うつもりで
すか。

3 (1)**fill ～ with ...** で「～を…で満たす」。

(2)**heat ～ up** で「～を加熱する，温める」。

(3)**put ～ into ...** で「～を…の中へ入れる」。

(4)**ask for ～** で「～を求める」。

(5)**look at ～** で「～を見る」。

(6)**until** は「～まで」という前置詞。

4 (1)**with** には「～といっしょに」「～で」の
意味がある。

(2)**come out** で「出てくる」，**call out** で「叫
ぶ，声をかける」という意味。

5 (1)「まず第一に，最初に」は **first**。

(2)「すぐに，じきに」は **soon**。

(3)「もちろん」は **of course**。

(4)「ついに，とうとう」は **at last**。

6 (1)② **on one's way home from ～** で「～
から帰る途中で」。③ **be afraid of ～** で「～
を恐れる」。

(2)**one ～ after another** で「～を次々に」。

(3)直後の1文を参照。

7 (1) ⚠️ミス注意！ 〈**bring＋人＋もの**〉の語順。目
的語2つの順番に注意。

(2)「帰る途中で」は **on one's way home**。

8 (1)**taste** は「～の味がする」の意味。

Lesson 8

p.58～p.59 テスト対策問題

1 (1)イ　(2)ウ

2 (1)～を演じる　(2)奇妙な，不思議な

(3)経営者，園長　(4)集まる　(5)野生の

(6)戦う　(7)**introduce**　(8)**foreign**

(9)**recently**　(10)**present**

3 (1)**came into**　(2)**am into**

(3)**wonder how many**　(4)**Put on**

(5)**Attention please**　(6)**big hand**

4 (1)**the station is**　(2)**the movie starts**

(3)**built**　(4)**that woman is**

5 (1)**very strange experiences to tell
you about**　(2)**One day**　(3)**a stage**

(4)**you how difficult it was**

6 (1)**What a**　(2)**How**　(3)**What an**

7 (1)**I don't know where the station is**

(2)**Do you know when he comes here**

8 (1)**I wonder how many times he read
the[that] book.**

(2)**She told me how exciting the[that]
movie was.**

〔解説〕

1 (1)マコが Do you want to talk to her, Bob?
と言っている her はマコの姉[妹]のユミを指す。

🎵 *A:* I wonder who that girl is. She is so
cute. Is she your friend, Mako?

B: No, she is my sister, Yumi. Do you
want to talk to her, Bob?

A: Oh, yes. Can I visit your house
tomorrow?

Q: Who does Bob want to talk to?

訳 A：あの女の子はだれかなあ。彼女はとて
もかわいいね。君の友だちかな，マコ。

B：いいえ，彼女は私の姉[妹]のユミよ。あ
なたは彼女と話したい，ボブ？

A：ああ，うん。君の家を明日訪ねてもいいかい。

質問：ボブはだれと話したいのですか。

(2)メグの発言に注意して聞くこと。

🎵 *A:* He plays table tennis very well! Do
you know who he is, Meg?

B: Oh, he is my new classmate. His
name is Sean. He is from China and
moved to America last month.

A: I see. I want to learn how to play table
tennis.

Q: Where is Sean from?

訳 A：彼はとても卓球が上手だね。彼がだれか
知っている，メグ？

B：ああ，彼は新しいクラスメートだよ。名
前はショーン。彼は中国出身で先月アメ
リカに引っ越してきたんだ。

A：なるほど。卓球の仕方を習いたいな。

質問：ショーンはどこの出身ですか。

3 (1)「～に入ってくる」は **come into ～**。

(2)「〜にはまっている」は **be into 〜**。

(3)「〜だろうかと思う」は **I wonder 〜.**。

(4)「〜を着る」は **put on 〜**。洋服だけでなく，帽子などにも使う。

(5)Attention, please. は場内放送でよく使われる表現。

(6)「〜に大きな拍手を送る」は **give 〜 a big hand**。

4 (1)(4)〈疑問詞＋主語＋動詞〉の間接疑問。

(2) ⚠ミス注意！〈疑問詞＋主語＋動詞〉の間接疑問。does は入らないことに注意。

(3) ⚠ミス注意！〈疑問詞（＝主語）＋動詞〉の間接疑問。疑問詞が主語になっていることに注意。

5 (1)to tell you about は不定詞の形容詞的用法で experiences を後ろから修飾する形。

(3)a stage を繰り返すのを避けるため代名詞 one を使っている。

(4)〈疑問詞＋形容詞＋主語＋動詞〉の間接疑問。

6 感嘆文は〈What＋(a[an]＋)形容詞！〉または〈How＋形容詞！〉。

(3) ⚠ミス注意！ interesting book につながるので，a ではなく an になることに注意。

7 (1)間接疑問の部分は〈疑問詞＋主語＋動詞〉の語順になることに注意。

(2) ⚠ミス注意！〈疑問詞＋主語＋動詞〉にするときに does をとり，3人称単数で現在形のため動詞に s をつけることを忘れずに。

8 (2)〈疑問詞＋形容詞＋主語＋動詞〉の間接疑問。

p.60 〜 p.61 予想問題

1 ア

2 ア

3 (1)how　(2)where　(3)who

4 (1)One day　(2)give, big hand
(3)Let me introduce　(4)Attention please

5 (1)when　(2)who　(3)what

6 (1)He was the most popular animal here.
(2)I'll tell you what you should do
(3)③ア　④ウ
(4)私はおりの中を歩き回らないといけないだけですか。
(5)What an easy job

7 (1)I know how much you are into
(2)Can you tell me what time it is

(3)**There is going to be a difficult test**

8 (1)**He doesn't know what he should do.**
(2)**I wonder how tall that mountain is.**

解説

1 ジョージが最初にマイに何を描いているのかたずねている。

♪ A: What are you drawing, Mai? Show me your picture.

B: I'm drawing some flowers, George. I'll give this picture to my grandmother. She likes flowers.

A: How nice! Can you show me how you draw flowers?

Q: What is Mai doing?

訳 A：何を描いているの，マイ。あなたの絵を見せて。

B：私は花を描いているのよ，ジョージ。この絵を祖母にあげるの。彼女は花が好きなのよ。

A：なんてすてきなんだろう！　ぼくにどうやって描いたのか見せてくれる？

質問：マイは何をしていますか。

2 男の子の発言から正解はアとわかる。

♪ A: What do you know about the new teacher? Do you know what subject she will teach?

B: She is from Japan. So I think she will teach us Japanese.

A: Oh, I see. I'm interested in Japanese.

Q: What subject will the teacher teach?

訳 A：その新しい先生について何か知っている？何の教科を教えるのか知っているかな。

B：彼女は日本出身だから，ぼくたちに日本語を教えてくれるのだと思うよ。

A：ああ，なるほど。私は日本語に興味があるわ。

質問：その先生は何の教科を教えるのですか。

3 (1) how much I love you で「私があなたをどのくらい愛しているか」。

(2) Where is the restaurant? が間接疑問になり〈疑問詞＋主語＋動詞〉の語順になっている。

(3)〈疑問詞（＝主語）＋動詞〉の間接疑問。

4 (1)「ある日」は **one day**。
(2)「〜に大きな拍手を送る」は **give 〜 a big**

hand。

(3)「〜させる」は **let** を使う。

(4)Attention, please. は場内放送などでよく使われる表現。

5 (1)返答に「2日前に見た」とあるので「いつ」なのかをたずねる文となる。

(2)返答に「夏目漱石です」とあるので「だれ」なのかをたずねる文となる。

(3)返答に「サッカーが好き」とあるので「何のスポーツ」なのかをたずねる文となる。

6 (1) popular の最上級は **the most popular**。

(2)〈疑問詞＋主語＋動詞〉の間接疑問。助動詞は動詞の前に入れる。

(3) **put on** 〜で「〜を着る」，**go into** 〜で「〜に入る」。

(4)この **only** は「ただ〜だけ」。

(5)〈**What＋a[an]＋形容詞！**〉の感嘆文。

7 (1)「〜にはまっている」は **be into** 〜。

(2)What time is it? が間接疑問で tell me のあとに入る。

(3)「〜がある」There is 〜. が未来形になった形。

8 (1)「彼は何をすべきか」は what should he do? を〈疑問詞＋主語＋助動詞 〜〉の順にする。

(2)「どのくらい高い〜」は how tall 〜? を使う。

ポイント
- 疑問詞で始まる文が別の文に入ると〈疑問詞＋主語＋動詞〉の語順になる（間接疑問）。
- 感嘆文
  〈what＋(a[an]＋)形容詞＋名詞！〉
  「なんて〜な…なんだ！」
  〈How＋形容詞！〉「なんて〜なんだ！」

Lesson 9 〜 Project 3

p.64 〜 p.65　テスト対策問題

1 (1)イ　(2)イ

2 (1)平和　(2)侮辱的な　(3)いとこ
(4)手を振る　(5)文化的な　(6)私自身
(7)express　(8)local　(9)helpful
(10)interpreter

3 (1)What's new　(2)similar to
(3)go away　(4)from, to　(5)One, other

4 (1)to tell　(2)him　(3)talk
(4)take　(5)to open　(6)us

5 (1)sent me an email with this picture
(2)②イ　④ア　⑤エ
(3)We call it a V sign.
(4)右側の少年のピース（**V**）サインがキング先生の国では侮辱的な意味になるということ。

6 (1)call　(2)be[become]　(3)made　(4)me

7 (1)He became interested in (the) difference[differences] between English and Japanese.
(2)Let me tell you about my country.

解説

1 (1)アユミの発言の最初の方に注意。その話を少し知っているけれどまだ読んでいないことがわかる。

♪ A: Did you read this comic book, Ayumi?
B: No, not yet, Jack. But I know a little about the story. The main character is sick, right?
A: Yes. But he works very hard. The story made me sad.
Q: Did Ayumi read the comic book?

訳 A：君はこのマンガを読んだ，アユミ？
B：まだなの，ジャック。でもその話について少し知っているわ。主人公が病気なんでしょう？
A：うん。でも彼は一生懸命働くんだ。その話はぼくを悲しい気持ちにさせるよ。
質問：アユミはそのマンガを読みましたか。

(2)ケンタの発言3文目で My sister helped me do my homework. と言っている。

♪ A: Did you finish your math homework, Kenta?
B: Yes, Mary. I finished it yesterday. My sister helped me do my homework. She is good at math.
A: Oh, I envy you! I want her to help me with my homework, too!
Q: Who helped Kenta do his homework?

訳 A：あなたは数学の宿題終わった，ケンタ？
B：うん，メアリー。昨日終わったよ。姉が宿題を手伝ってくれたんだ。彼女は数学が得意なんだよ。
A：わあ，うらやましい！　私も彼女に宿題

を手伝ってほしいわ。

質問：だれがケンタの宿題を手伝いましたか。

3 (2)「～と似ている」は **similar to ～**。

(3)「あっちへ行け」は **go away**。

(4)「国ごとに」は **from country to country**。

(5)「1つは～でもう1つは…」は **One is ～ and the other is ...**。

4 (1)〈**want＋人＋to＋動詞の原形**〉で「(人)に～してほしい」。

(2)〈**call＋人＋～**〉で「(人)を～と呼ぶ」。

(3)〈**let＋人＋動詞の原形**〉で「(人)に～するのを許す[させる]」。

(4) ✍ミス注意! 〈**help＋人＋動詞の原形**〉で「(人)が～するのを手伝う」。toを入れないように注意。

(5)〈**ask＋人＋to＋動詞の原形**〉で「(人)に～してほしいと頼む」。

(6)〈**make＋人＋形容詞**〉で「(人)を～な気持ちにする」。

5 (1)ここでの with は「～といっしょに」の意味。

(3)〈**call＋もの＋～**〉「(もの)を～と呼ぶ」の形にする。

(4)直前の文 In my country 以下を参照。

6 (1)〈**call＋もの＋～**〉で「(もの)を～と呼ぶ」。

(2)「～になる」は be または become で表す。

(3)〈**make＋人＋形容詞**〉で「(人)を～な気持ちにする」。

(4)〈**want＋人＋to＋動詞の原形**〉の「人」が代名詞のときは目的格にする。

7 (1)「～と…の違い」は **difference(s) between ～ and ...** で表す。

(2)〈**let＋人＋動詞の原形**〉で「(人)に～するのを許す[させる]」。

p.66～p.67 予想問題

1 イ

2 ア

3 (1)**to study** (2)**show** (3)**to teach**

4 (1)**waving** (2)**What's new** (3)**some**

(4)**from, to**

5 (1)**made** (2)**call** (3)**asked**

6 (1)**between, and**

(2)**became interested in**

(3)**sign languages**

(4)1つは日本の手話で，もう1つはアメリカ

の手話です。

(5)**Japanese Sign Language, American Sign Language**

7 (1)**sign languages are different from country to country**

(2)**Mana helped me wash the dishes**

(3)**It is very important to know the differences**

8 (1)**Helping each other makes us happy.**

(2)**I showed her how to eat noodles with gestures.**

(3)**She asked me to help her homework.**

✍解説

1 2文目の We call this food *osechi*.「私たちはこの食べものをおせちと呼びます」を聞き取ることがポイント。

♪ Let me tell you about a special food from my country. We call this food *osechi*. In Japan, we eat *osechi* with our family on New Year's Day. There are many kinds of dishes in one box. I want you to come to Japan and eat this food.

Q: What do they call the special food?

訳 私の国の特別な食べ物について話させてください。私たちはこの食べ物をおせちと呼びます。日本では家族といっしょに元日におせちを食べます。たくさんの種類の料理が1つの箱に入っています。私はあなた(たち)に日本に来てこの食べものを食べてもらいたいです。

質問：その特別な食べものを何と呼びますか。

2 マイクはキャシーに何をしてほしいと思っているのかを注意して聞く。

♪ *A:* Tomorrow is Sunday. Let's watch this movie, Mike. I think it's very interesting.

B: Oh, Cathy, I have to clean my room tomorrow. I want you to help me. I can watch the movie after that.

訳 A：明日は日曜日だよ。この映画を見ようよ，マイク。これはとてもおもしろいと思うんだ。

B：ああ，キャシー，明日ぼくは部屋を掃除

22

しなきゃいけないんだよ。君に手伝ってほしいな。そのあとでその映画を見ることができるよ。

③ (1)〈want＋人＋to＋動詞の原形〉で「(人)に〜してほしい」。

(2)〈let＋人＋動詞の原形〉で「(人)に〜するのを許す[させる]」。

(3)〈ask＋人＋to＋動詞の原形〉で「(人)に〜してほしいと頼む」。

④ (1) ﾐｽ注意! 「手を振る」は wave one's hand。「手を振っていた」なので過去進行形にすること。

(3)some examples の examples を省略している。

(4)「国ごとに」は from country to country。

⑤ (1) make me sad で「悲しくさせる」。

(2) call him Gon で「彼をゴンと呼ぶ」。

(3) ask me to wash the dishes で「私に皿を洗うように頼む」。

⑥ (1)「〜と…の違い」は the difference(s) between 〜 and ...。

(4) One 〜 and the other ... 「1つは〜でもう1つは…」の文。

(5)直前の英文を参照。

⑦ (1) from country to country で「国ごとに」。
(2)〈help＋人＋動詞の原形〉で「(人)が〜するのを手伝う」。

(3)〈It is＋形容詞＋to＋動詞の原形.〉で to 以下が it を表す形。

⑧ (1)〈make＋人＋形容詞〉「(人)を〜な気持ちにする」を使う。「お互いに」は each other。

(2)〈show＋人＋もの〉「(人)に(もの)を見せる」を使う。

(3)〈ask＋人＋to＋動詞の原形〉「(人)に〜するように頼む」を使う。

ポイント
- 〈make＋人[もの]＋形容詞〉で「(人[もの])を〜な気持ち[状態]にする」
- 〈call＋人[もの]＋〜〉で「(人[もの])を〜と呼ぶ」
- 〈ask＋人＋to＋動詞の原形〉で「(人)に〜してと頼む」
- 〈want＋人＋to＋動詞の原形〉で「(人)に〜してほしい」
- 〈let＋人＋動詞の原形〉で「(人)に〜する

のを許す[させる]」
- 〈help＋人＋動詞の原形〉で「(人)が〜するのを手伝う」

Reading 3 〜 Further Reading

p.69 テスト対策問題

① (1)〜をほめる　(2)生き延びる　(3)影響
(4)夕食　(5)end　(6)ceiling

② (1)broke out　(2)not, anymore
(3)worried about　(4)brought, back

③ (1)for　(2)among　(3)of　(4)after
(5)on　(6)at　(7)in　(8)by

④ (1)She made a decision for the first time in her life.

(2)People admire him as the "father of music."

(3)He was born in Tokyo in 1990.

解説

② (1)break out は「突然起こる」。

(2)anymore は否定文で使われて「今ではもう〜でない」の意味となる。

(3)「〜のことを心配する」は worry about 〜。

(4)「〜を連れて帰る」は bring 〜 back。

③ (1) have a talent for 〜で「〜の才能がある」。

(2)among は「〜の間で」の意味。

(3)dream of 〜で「〜を夢見る」。

(4)night after night で「毎晩」。

(5)日付の前は前置詞の on。月だけの場合は in。

(6)at the age of 〜で「〜歳で」。

(7)ここでの in は「〜における」という意味。

(8)go by で「経過する」。

④ (1) ﾐｽ注意! 「初めて」は for the first time。過去形の文であることに注意。

(3) 1990 年など年の前には前置詞 in を使う。

p.70 〜 p.71 予想問題

① ウ
② ウ
③ (1)after　(2)for　(3)onto　(4)with　(5)at
④ (1)most of all　(2)kept to himself
(3)sharp　(4)night after night
(5)as well as
⑤ (1)① on　② about

(2)もう好きなだけたくさんマンガが描ける
ぞ！

(3)医者になること　(4)One day

(5)a cartoonist

6 (1)Do you know who they are

(2)My parents came around to see me

(3)He offered to go to the shop for her

7 (1)The box was filled with chocolate.

(2)I'm afraid I delivered the letter to
the wrong address.

(3)They didn't have to help their
parents anymore.

解説

1 didn't have to ～と had to ～の意味に注意
して聞き取ること。

♪ I didn't have to go to school yesterday
because it was Sunday. I wanted to go
to the movie theater, but I had to do my
homework at night. So I went to a
bookstore to buy some comic books
instead.

Q: What did he have to do at night?

訳 昨日は日曜日だったので，ぼくは学校に行
く必要がありませんでした。映画館に行き
たかったけれど，夜に宿題をしなければな
りませんでした。だから代わりに書店へ行
って何冊かマンガを買ってきました。
質問：彼は夜に何をしなければなりませんで
したか。

2 ビルの発言からカイトには兄[弟]と姉[妹]が
いることがわかる。

♪ A: I saw Kaito in the library yesterday.
He was studying with a girl. Do you
know who she is, Bill?

B: Oh, I know her, Susan. I think she is
his sister, Mai. He has one brother
and one sister.

A: Oh, I didn't know that.

Q: Who did Susan see in the library?

訳 A：私は昨日，カイトを図書館で見たの。彼
は女の子と勉強していたわ。彼女がだれ
なのか知っている，ビル？

B：ああ，知っているよ，スーザン。彼女は

姉[妹]のマイだと思うよ。彼は兄[弟]が
1人と姉[妹]が1人いるんだ。

A：あら，知らなかったわ。

質問：スーザンは図書館でだれを見ましたか。

3 (1)after all で「やはり，結局」の意味。

(2)「デザートに（～を食べる）」というときは
for dessert。

(3)step onto ～で「～に出る」の意味。

(4)What's wrong with you? で「どうしたの」
という決まった言い方。

(5)at last で「ついに，とうとう」の意味。

4 (1)most of all で「とりわけ」。

(2)keep to oneself で「人付き合いをしない」。

(3)sharp は時間のあとにつけて「ちょうどに」
の意味になる。

(4)night after night で「毎晩」。

(5)as well as ～で「～と同様に」。

5 (1)①日付の前には on を入れる。

②worry about ～で「～を心配する」。

(2)as many ～ as ... like で「…が好きなだけ
たくさんの～」の意味になる。

(3)直後の文でお母さんに，医者かマンガ家かど
ちらになるべきかとたずねている。

(5)直前の文の手塚の答えを指す。

6 (1)ミス注意! Do you know に続けてさらに
疑問文を入れる間接疑問〈疑問詞＋主語＋動詞〉
の形になっている。

(2)「ぶらっと訪れる」は come around。

(3)「～を申し出る」は offer to ～。

7 (1)be filled with ～「～でいっぱいである」
を使う。

(2)I'm afraid (that) ～.「申し訳ありません
が～と思います」を使う。

(3)have to ～「～しなければならない」を否
定形にすると「～する必要はない」の意味とな
る。「もう～ない」は not ～ anymore で表せる。